Yamaguchi Old House Cafe and Restaurant

山口古民家カフェ＆レストラン

はじめに

長い年月を経て受け継がれてきた古民家には、
優しい安心感があふれています。
そんな古民家のカフェやレストランでは、
地元の食材をふんだんに使った料理と、
そこに営みを見出して暮らす店主をはじめとした人々、
歴史ある町並みや豊かな自然が織りなす景色、
長年にわたって思い継がれたもの、
そのすべての要素が融合する空気に包まれた時間は、
私たちを別世界へと誘います。
せわしく過ごしていると気づけない地元の魅力と、
「山口」という風土を改めて感じさせてくれる

古民家カフェとレストランを厳選し、一冊にまとめました。
店主の人柄や思い、提供される料理に窓から見える景色など、
空間だけにとどまらない古民家の趣を紹介しています。
本誌を手に取ってくださる皆さんが、
心安らぐステキな時間を過ごすための演出となる
一冊になれば幸いです。

Photo:Risa Kashitani

Photo:Risa Kashitani

Photo: Taichiro Kaneyuki

山口古民家カフェ&レストラン

もくじ

工場夜景の名所として知られる
コンビナート群と、風光明媚な自然の海岸線。
周南市から岩国市へと至る国道１８８号沿いは、
景色の移り変わりが楽しい。
中継地である柳井市は古来より海上交通の要衝で、
白壁の街並みや醤油蔵がかつての繁栄を今に伝える。
対岸に浮かぶ周防大島は冬でも暖かな気候と
歴史背景から「瀬戸内のハワイ」とも。
岩国市の名所・錦帯橋のたもとには旧城下町が広がり、
中国山地に源流を発する清流・錦川が流れる。
温暖な気候のもとに育まれた
自然の恵みも各地で堪能したいところだ。

東部エリア

01 Yamaguchi Iwakuni-shi
山口 ｜ 岩国市 ｜ 農家レストラン

つみ菜カフェ うどんげ

つみなかふぇ うどんげ

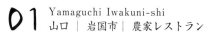

100年の歴史を刻んだ日本家屋。山々に囲まれ、耳を澄ませば、すぐ横を流れる錦川の支流・桜木川のせせらぎや、鳥たちのさえずりが聞こえてくる。

里山の恵みでおもてなし
カラダがよろこぶ山野草料理

岩国駅で日本三名橋の錦帯橋が架かる錦川沿いを運行する鉄道「錦川清流線」に乗り込み、山々と清流が織り成す景色を眺めながら列車に揺られること約1時間。終着の錦町駅から20分ほど歩いた静かな集落にある赤瓦の日本家屋は、主の林節司さんが生まれ育った築100年を超える自宅を改装し、妻の富子さんと共に営むカフェだ。玄関を開けると、二人が優しい笑顔で迎えてくれる。

観光客が食事をしたり、くつろげる場所が少ないという錦町。「せっかく来てくれた人たちに、ゆっくりと過ごしてもらいたい」との思いで2016年にオープンした。提供するのは、医食同源がコンセプトの体に優しい山野草料理。幼い頃、祖父が調子の悪い牛に薬草を与えて元気になるのを見たのがきっかけで薬草に興味を持ち、薬膳アドバイザーとしても活動する節司さんが、その魅力を伝えながら料理の腕を振るっている。食材には、自ら朝摘みする山菜や野草などのつみ菜をはじめ、店から2km圏内で採れる地元のものを中心に使用する。

看板メニューは里山の恵みが存分に味わえる、つみ菜ランチ(1200円)。季節のつみ菜天ぷら盛り合わせをメーンに、山菜や野菜をふんだんに使った数種の小鉢、いなり寿司や郷土料理の「あんこ寿司」などのごはんもの、汁

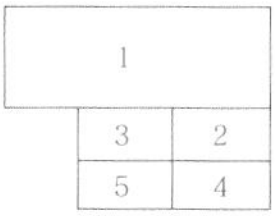

①手入れされた趣ある庭。②くつろぎの座敷。③テーブル席がある離れ。④20～30種の野草や野菜をミキサーにかけて混ぜ込んでいる、特製つみ菜元気カレー（800円）。⑤その日使われる主な野草。

もの、デザート、食後のコーヒー……。お膳に並びきらないほど盛りだくさんの手の込んだ料理は、まさに〝山のごちそう〟と言えるだろう。また、つみ菜の種類はほぼ週替わりで、時期によってはマツタケごはんや天然のなめこ汁といった、普段なかなかお目にかかれない山の幸が登場することも。できるだけ添加物を使わず、糖分、塩分を控えた優しい味わいで、素材本来の味や食感が楽しめるのもうれしい。そのほかにも体に良いものを取り込んでいるのが実感できる、うどんや20～30種の山野草が溶け込んだカレーも絶品だ。

縁側の向こうに広がるのは季節の花木が彩る手入れされた庭。ほっと落ち着けるノスタルジックな空間でいただく、自然のパワーをたっぷりと蓄えた料理の評判はすぐに広がり、週3日の営業ながら訪れる人が後を絶たない。中には遠方から毎週通う常連さんもいるそうだ。「うちは本当にお客様に恵まれている」とうれしそうに話す林さん夫妻が生み出す柔らかな雰囲気に、体も心も元気をもらえる場所。きっと誰もが「また訪れたい」と思いながら店を後にすることができるだろう。

数十種の山野草が使われているつみ菜ランチ。写真は、つみ菜の天ぷら盛り合わせ、小鉢に入った総菜、天然なめこ汁など。コーヒーはねずみもちの実を焙煎して入れる珍しいもの。

住所　山口県岩国市錦町広瀬670
電話　0827-72-3494
時間　11:30〜15:00（LO14:00）※予約優先
休日　月〜木曜

店主の林節司さん。店名は「お客様との出会いを大切にしたい」との思いを込め、3000年に一度咲くとされる伝説の花「優曇華（うどんげ）」から。

Photo:Hidetoshi Nishida　text:Keiko Takise

02 Yamaguchi Kudamatsu-shi
山口｜下松市｜食事処

ぎゃらりー野草の庭

ぎゃらりーやそうのにわ

街道沿いに佇む白壁の店
美味と山野草の花々を満喫

下松市久保市（くぼいち）の旧山陽道沿いで目を引く白壁と格子窓の建物は、「銭屋」の屋号で知られた旧醤油蔵。幕末1854年の創業で、大正時代には山口県の醤油品評会で一等、中国五県でも三等に輝くなど、昭和30年代まで「松の花」「白藤味噌」の銘柄で名を馳せた。かつて商いと人々の生活が繰り広げられた1873年棟上げの母屋は、ギャラリー兼食事処として人々の出会いやふれあいの空間に、そして現在は取り壊されている醸造施設があった母屋裏は、山野草の庭として生まれ変わった。工夫を凝らした手作り料理や庭を彩る可憐な花々、さらには月に一度のハンドメード作家による展示イベントが楽しめるなど、知る人ぞ知る評判のスポットとなっている。

ランチで提供される野の花膳（1650円、コーヒーまたは紅茶付）は限定15食で、前日までの予約が必要。膳には旬の食材を中心とする6、7品もの料理が並び、さらに別皿でメーンの一品が登場する。家庭料理に〝さらにひとひねり〟の工夫を心がけているという品々の満足感あふれる味わいに、使われている食材や作り方を詳しく尋ねる人も多いという。また、味のみならず目で見ても楽しんでもらえるようにと、料理の彩りに合わせて使われているさまざまな器にも注目だ。ほかに

母屋は築約150年。棟続きの2階建て部分も大正時代の建物で、商家として繁栄した当時の面影を色濃く残す。

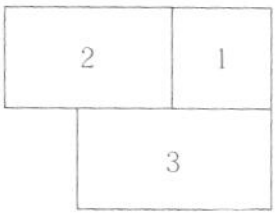

①庭の至るところにかわいらしい山野草の花が咲く。②縁側で庭を眺めながらご主人に季節の見どころを尋ねるのもおすすめ。③手作り作家の展示以外に音楽イベントが開催されることも。

もシフォンケーキ（別のケーキの場合もあり）やフルーツが味わえるケーキセット（750円）も楽しめる。予約時に相談すれば、野の花膳に予算に応じたケーキやフルーツを付けることができ、さらに条件が整っている場合に限り、事前の相談でさらに品数の多い花かご膳（3000円、10～11品、ケーキ、コーヒーまたは紅茶付）など、特別メニューに応じてくれる場合もある。

そして食事以外にも、山野草の花々が咲く庭の散策もゆっくりと楽しみたい。自生や鉢植えを含め、100種を軽く超えるとのことで、季節ごとに見どころは盛りだくさん。シラネアオイ、キタダケソウ、ヒダカソウといった高山帯に咲く花々にもお目にかかれる。ウグイスやメジロ、ヒヨドリなど野鳥たちの姿を見ることができ、毎年10月には、長距離を移動し「旅する蝶」と呼ばれるアサギマダラも羽を休めに飛来するという。

なお、店は毎年8月、さらに12月半ばから2月にかけて長期休業となる。その前後の期間に訪問する場合は、ホームページでの休業・再開告知を確認しておきたい。

見た目も華やかな野の花膳。「運ばれたときに最も美味しい状態で味わえるように」と、配膳のタイミングにもこだわって調理される。

住所　山口県下松市河内741（久保市）
電話　090-5696-4960
時間　10:00～16:00（食事11:30～13:30）
※ランチは要予約
休日　月・木・日曜、祝日、8月、12月半ば～2月

HP

ケーキセットにも山野草の花が添えられ彩り豊か。ペパーミントゼリーやマンゴープリンなど、付け合わせも日替わりで多彩。

Photo:Taichiro Kaneyuki　text:Taichiro Kaneyuki

03 Yamaguchi Shunan-shi
山口｜周南市｜生パスタ専門店

caca
かか

街中に佇む隠れ家イタリアン
こだわりが生む無二の美味

店への入口はまるでイタリアの路地裏にいるかのような雰囲気。どんなパスタに出合えるか、料理への期待がふくらむ

ベージュ色の外壁には、窓が一つと店名が小さく示されるのみ。路地に面する外観はいたってシンプルで、街の風景に溶け込む佇まいは今風のモダンな建物にも見える。しかし、店頭に連なる小さなアーチをくぐって、生い茂る緑の中へと歩みを進めると、雰囲気は一変。温かな色合いの灯りに照らされる入口が、木陰の中に現れる。築１００年を超える古民家をリノベーションした店内には、窓枠やガラスなどの古びた風情を生かしたお洒落な空間が広がり、まさに「隠れ家」という言葉がぴったりの風合いだ。

　オーナーシェフ・益金大貴さんがこの地に店を構えたのは２００７年。自慢のイタリアンは、素材の魅力をそのまま生かすことがモットーだという。使う食材は、その日その日で季節の一番いいものを目利きして仕入れており、同じものでも産地が異なれば味が変わると、仕入れのためには労力をいとわず方々へと足を運ぶ。また、仕込みや調理においては、調味料ではなく食材の組み合わせで味を作ることに重きを置く。芯の通ったこだわりの味に、「周南のイタリアンでナンバーワン」と熱烈に支持する人も少なくない。

　ランチのおすすめは、前菜5品、サラダ、バゲット、ドリンク付きのパスタコース（２３００円、

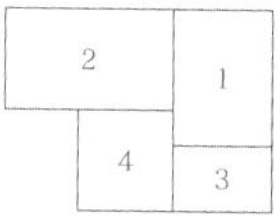

①カウンターではおすすめのワインやチーズの案内も。②ランチコースの前菜5品の内容は訪れてのお楽しみ。③ゆったりくつろげる半個室もある。④ドルチェの定番「アッフォガート」。

要予約、当日可）。生パスタが特に自慢で、同コースではメニューにラインアップされた「今月のパスタ」の中から好みの一品を選ぶ仕組みになっている。そして料理のみならず、食後の至福の一杯であるスペシャリティコーヒーへのこだわりも抜かりがない。通常のコーヒーとエスプレッソとで豆を使い分けており、水はオーナー自身が吟味して、選び抜いた湧水を片道1時間かけて汲みに行っているそうだ。

　せっかくなら、本日のドルチェ（350円）の追加もぜひおすすめしたい。出合える品々は、フルーツのケーキやジェラートなど季節によって多種多彩で、訪れたらまずはカウンターにある黒板をチェック。コースで満腹になったとしても、〝別腹〟に入れたい美味しさだ。また、手軽にいただけるワインもそろっているので、和モダンな空間でイタリアの日常的な雰囲気を楽しめる。

　なお、不定期でメニューに登場するピザは生地の粉の配合やこね方にもこだわり、パスタ同様に高い人気を誇るが、なかなかお目にかかれない逸品でもある。登場を見逃さず味わうためには、その前に常連になっておきたい。

店の内外で感じられる隠れ家的な雰囲気がたまらない。美味しい食事とともに、家族や恋人、仲間とのおしゃべりがいっそう弾む。

住所　山口県周南市三番町2-10
電話　0834-34-6313
時間　11:00～LO14:00、17:30～LO21:00
※ランチ、ディナー共に要予約（当日可）
休日　不定休

店を後にするとき、料理への満足感に「また訪れたい」と誰もが思うはず。味の余韻にしっかり浸れることも美味しさの証明。

Photo:Taichiro Kaneyuki　text:Taichiro Kaneyuki

04 Yamaguchi Shunan-shi

山口｜周南市｜カフェ

小さなカフェ《ちいさなかふぇ》 百日紅《ひゃくじつこう》

無農薬栽培&無添加の安心食材
心身を癒やす滋味あふれる品々

店を切り盛りするのは、栄養士として食の安心・安全という課題に向き合ってきた店主の平井多美子さん。環境負荷の少ない農法の大切さを発信する一環として、娘の槙さんとともに、2013年よりオーガニック野菜を使った加工品の製造を続けている。生姜シロップ（1080円）は今やその代名詞的な存在で、幅広い世代に愛される看板商品だ。カフェは平井さんが食に抱く思いの、いわば体現の場。手作り料理や焼き菓子を通じてオーガニック野菜の魅力を知ってもらうとともに、食についての情報交換や交流スペースにしたいと、自宅でもある古民家の茶室をリノベーションして、2019年にオープンした。

人気のおにぎりプレート（850円）は、店のこだわりが凝縮している一皿。かわいらしく並ぶ2個のおにぎりには、周南市中須北の棚田で無農薬栽培される、はぜかけ天日干しの「泣かす米（都濃自然米）」を使用。具材は自家製梅干し、のり佃煮、生姜の豚味噌、ちりめん山椒など6種と豊富で、仕入れによっては、さらにプラスの具材が登場することもあるというからうれしい。季節の野菜がふんだんに使われる副菜3品は週ごとのお楽しみで、自家製味噌を使った味噌汁は、まれに「仕入れた野菜でいきあたりばったりです」と、野菜のポ

店名の由来にもなっている、シンボルツリーの百日紅（サルスベリ）。初夏から秋にかけては、かわいらしい花が訪れる人を迎えてくれる。

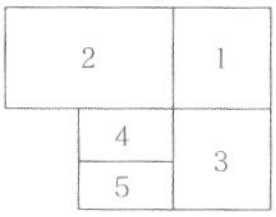

①ドリンクと焼き菓子は単品で注文。②テーブルや椅子は古い家具をリメーク。③自家製「生姜シロップ」やおすすめの無添加食品を販売。④本棚の書籍はジャンルもさまざま。⑤店への小径の先には小さな祠（ほこら）が鎮座。

タージュなどスープに変わることもあるそうだ。

デザートにもぴったりのマフィン、ケーキなどの焼き菓子（200円〜）も、素材となるフルーツや野菜はさまざまで、美味とともに気分をほっこりさせてくれる。その日のおすすめはSNSで発信しているので、店へと足を運ぶ前にチェックしておきたい。また、フレンチプレスコーヒーや和紅茶（各400円）、チャイティー（400円、冬季のみ）ほか、レモン、梅、紫蘇といった自家製シロップ（炭酸割り400円〜）など、ドリンクにおいても無農薬栽培や無添加へのこだわりは抜かりない。

なお、本好きな平井さんは、店を読書空間としても利用してもらいたいと、店内の棚に自らがセレクトした書籍を並べている。「地域にゆっくりと本が読めるカフェが少ない」と感じてのもので、毎月第3日曜のみ「ONE DAY BOOK CAFE LIBRO」としても営業。店舗を持たず活動する書店「Books八景」が月ごとのテーマに合わせて出張販売を行うなど、カフェメニューを楽しみながら、時間を気にせずひたすら読書に没頭したい人にもおすすめだ。

ふんわり香るのりが食欲をそそるおにぎりプレート。味噌汁は瀬戸内産の煮干しと北海道産昆布で丁寧にダシをとる。びわ茶は茶葉も販売。

住 所　山口県周南市都町3-10
電 話　090-6834-1802
時 間　10:00〜16:00
休 日　月〜水･日曜

平井多美子さん（右）と娘の槙さん。美味しい料理やおやつはもちろん、二人とのおしゃべりを楽しみに訪れる常連も多い。

Photo:Taichiro Kaneyuki　text:Taichiro Kaneyuki

05 Yamaguchi Shunan-shi
山口｜周南市｜雑貨・カフェ

ガーデンカフェ 日日

がーでんかふぇ にちにち

築60年を超える立派な日本家屋。南向きの玄関まわりは全面ガラス張りにリノベーションされ、和モダンな雰囲気。

日常のひとときを優しく演出
手間ひまかけたこだわりの味

海風が心地良く吹き抜ける周南市西部の臨海エリア。住宅街を東西に横切る幹線道路と、海に向かって延びる坂道が交差する一角に『ガーデンカフェ 日日』は佇む。建ち並ぶ家々の隙間から瀬戸内海を望み、山が背後に迫るロケーション。坂道が住宅街をめぐる風景はどこか尾道（広島県）とも重なる。一部がリノベーションされた築60年を超える日本家屋は、建屋に土壁や木材など自然素材を中心に造られており、古き良き和の風情と近代的な建築デザインがお洒落に溶け合っている。

扉を入ってすぐの土間に並ぶのは、生活雑貨を中心に、オーナーの飯田圭子さんがセレクトした品々。器や調理器具、衣料品、ハンモックなど、季節の移り変わりに応じてさまざまなジャンルの商品をそろえる。オーガニックや製法など、安心・安全にこだわった食料品も多数取り扱っており、ドレッシング（648円）とハチミツ（972円）に至っては店オリジナルの限定品だ。

カフェスペースは、和庭園を望む広々としたお座敷のほかにカウンター席が2カ所、奥には個室もある。ここで楽しめる人気メニューは、店内の黒板に書かれたメーンのおかず3種から好きなものを選ぶ今日のランチ（1260円）。また、ちょっとぜいたくを楽しみたいなら、

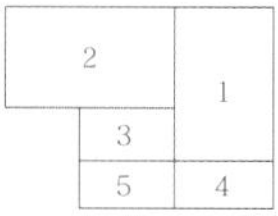

①静かにくつろげるカウンター席。②ランチはごはんとパンから選択可能。③暮らしに優しく役立つ雑貨がそろう。④縁側でひなたぼっこもおすすめ。⑤開放感たっぷりのお座敷。

料理が盛り付けられた茶碗や小鉢が木枠の中にかわいらしく並ぶ、ハコ膳（2150円、限定15食）もおすすめ。美味とともに見た目にも心が華やぐ。さらに、チーズケーキ（400円）やクッキー（81円〜）、マフィン（306円）、アイスクリーム（310円〜）など、スイーツも充実。定番のものに加えて、季節のフルーツを使った限定品もあり、夏にはかき氷も登場する。

客の出足はいつも早く、閉店までほとんど隙間なくにぎわいが続く。女性を中心に幅広い層の支持を集めるその秘密は、「優しい」という言葉に集約される。雑貨においては「気持ちに優しく寄り添う」という点、食料品やカフェメニューでは「体に優しい」という点がコンセプト。特に料理においては、調味料や食材の吟味はもちろん、可能な限り手作り、地産地消、新鮮さ、無駄なく調理することなどを事細かに徹底し、一品一品、丁寧な仕込みを毎朝行っている。

「イメージはおばあちゃんちのごはん。ホッとする『日常のひととき』を提供したい」と飯田さん。ひと口味わえば、きっと誰もがその思いに感化されるに違いない。

和庭園を眺めながらのカウンターは特等席。さらに、店の奥のギャラリースペースでは不定期で企画展も開催している。

住 所　山口県周南市富田1-3-18
電 話　0834-63-8738
時 間　9:30～17:00（土·日曜、祝日8:30～18:00）、ランチ11:30～14:00
休 日　12月29日～1月4日

HP

にちにちパンケーキ（800円、写真はホイップと果物ソースセット1000円）。熱々のふんわり食感がたまらない!

Photo:Taichiro Kaneyuki　text:Taichiro Kaneyuki

06 Yamaguchi Shunan-shi

山口 | 周南市 | そば・ピザ

ホーランエー食堂

ほーらんえーしょくどう

手づくりの温もりあふれる
小さな島のにぎわい食堂

映画の撮影舞台になりそうな雰囲気の外観。海を渡る神輿で全国的に有名な貴船神社の隣で、店名は祭りで使われる櫂伝馬船「宝来栄（ほうらんえい）」から。

周南市の南、フグのはえ縄漁発祥の地として知られ、本土とは長さ50mほどの小瀬戸橋でつながる周囲約2kmの粭島(すくもじま)。島に渡り、至る所で釣りを楽しんでいる人の姿を見ながら、海沿いの道を少し行くと、ひと際目を引くレトロな建物にたどり着く。ここは、もともと大正初期に魚の卸問屋として建てられた建物で、今では島の数少ない食事処。しばらく空き家になっていたが、近所で生まれ育った店主の温品徹さんが購入し、「土に還る家を目指して、元々使われていた材料を活かしながら、崩れ落ちていた土壁などを手直ししました」と、大工さんや知人の手を借り3年かけてブリコラージュ。2015年、かつての面影を随所に残しながら『ホーランエー食堂』となってよみがえった。

　名物は、温品さんが初めて食べたときにその美味しさに感動したという、長野県・安曇野産のそば粉を使った手打ちそば。国内産の小麦粉を加えた二八そばで、豊かな香りとコシ、ツルっとしたのど越しが楽しめる。つゆは山口県内の平生町から全国でも珍しい天日干しのイリコを仕入れ、ほうろくで煎った後に一晩水につけて水出しし、枯節、利尻昆布、原木シイタケのダシを合わせたオリジナル。イリコの香ばしさが際立つ深い味わいは、他では出合えない

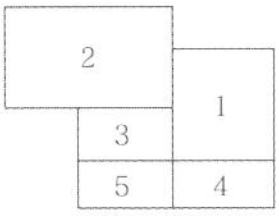

①マルゲリータ（900円）。有機トマトのソースが味の決め手。②テーブル席と座敷席がある。③手造りのピザ窯。④甘さを控えたシフォンケーキ（500円）。⑤2階からは穏やかな海と対岸の工場地帯が見える。

逸品だ。せいろそば（700円）のほか、アカモクそば（900円）や手作りじゃこ天そば（850円）など数種の温メニューが選べる。また、生地から手作りし、高温で一気に焼き上げるサクサク&モチモチ食感の薪窯ピザ（900円〜）も人気。厨房の奥には改修のときに出た瓦礫や土壁などを利用したお手製のピザ窯があり、焼きたての香りが木の温もりあふれる店内に広がる。他にも、日によってタコやサザエの炊き込みごはん、ヒジキ入りのいなり寿司、手作りのじゃこ天など、地元の海産物を使ったメニューが並ぶこともあるので楽しみにして訪れたい。

　なお、営業は土曜のみ。他の曜日はホーランエー食堂で腕を振るっているスタッフに場所を提供し、シェアキッチンの形態をとっている。火・水曜はピザを担当する中野佐衣子さんの定食の店「そらとうみ」、日曜はカレーとシフォンケーキ、コーヒーを担当する縄田顕子さん、莉可子さん親子の「菓子工房　茉莉花」が営業中だ。潮風が漂うノスタルジックな空間が、島民や釣り人たちの憩いの場となり、島に新たなにぎわいをもたらしている。

ハーフの手打ちせいろそばとスパイスの効いたミニカレーがセットになった、ハーフ御膳（1000円）。そばは営業日の朝に温品さんが自ら打っている。

住所　山口県周南市粭島中小路180
電話　0834-84-0001
時間　11:00〜15:00（LO14:00）
休日　日〜金曜

店主の温品徹さん（中央）、妻の理恵さん（右から2人目）と、シェアキッチンの皆さん。土曜は全員がそろって担当メニューの腕を振るう。

Photo:Hidetoshi Nishida　text:Keiko Takise

04 Yamaguchi Hikari-shi
山口｜光市｜雑炊専門店

森の・ぞうすいやさん《もりの・ぞうすいやさん》

のどかな田園風景を望む高台の古民家をリノベーションして営業。山口市の「純味」は姉妹店。

水にこだわる絶品のぞうすい
多彩なメニューも人気の秘密

遠くてもわざわざ食べに行きたい、とっておきの店。光市の山間部に店を構える『森の・ぞうすいやさん』は、まさにその言葉がぴったりと当てはまる。交通アクセスは少し不便という立地ながら、2017年にオープンするとたちまち評判が広がった。若い人から年配の方まで幅広い層に支持されており、連日多くの人たちでにぎわっている。

店名のとおり、名物はぞうすい。米は山口県内随一の米処・山口市阿東産のコシヒカリ、ダシのベースとなるカツオ節も厳選したものを使用しているが、これらの味を最大限に引き出しているのが、敷地内の井戸から豊富に湧き出している天然水だ。これこそが店主・米澤賢一さんのこだわりであり、店がちょっと不便なこの地にある理由でもある。米澤さんは山口県のみならず広島県まで足を延ばして良質な水を探し求め、同地に湧く、口当たりのまろやかな霊峰・石城山の伏流水にたどり着いたという。

評判の秘密は、豊富なメニュー数にも。海の幸、牛肉など定番だけでも約20種あり、これに冬の牡蠣ぞうすい（1694円）、夏の冷やしぞうすい（836円〜）など、季節限定メニューが加わる。時にはガッツリと、時にはヘルシーに、行く度に気分や体調に合わせてメニューを

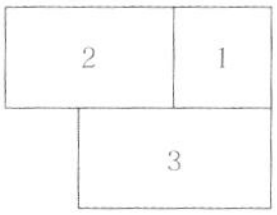

①カウンター席もあり、一人でも気兼ねなく利用できる。②窓に映える里山の緑に癒やされる。③和モダンな雰囲気の店内。テーブル席のほかに子ども連れにうれしいお座敷も。

選ぶ楽しみがある。

特にファンが多いのが、よくばりぞうすい（1804円）。具材はカニ、アサリ、エビ、サケ、ムール貝という海鮮三昧で、ダシにそれぞれのうま味が溶け出し、至福の味わいが堪能できる。そして、6〜8月末の季節限定ながら女性に絶大な人気を誇るのが、リコピンたっぷりトマトぞうすい（1078円）だ。カツオダシとトマトピューレは意外にも相性抜群で、具材はオクラ、しめじ、サツマイモなど、美容にも身体にも良いものばかり。仕上げにチーズをのせてバーナーで炙り、さらにフレッシュトマトをトッピング。夏に訪れたなら絶対に味わっておきたい、店主自慢の逸品だ。また、若者には、バター明太ぞうすい（1078円）や梅明太ぞうすい（1452円）も人気だという。

ぞうすいと聞けば、多くの人が「鍋料理の最後のお楽しみ」「飲んだ後に」などと〝シメ〟の料理として連想するかもしれない。しかしながら、同店を初めて訪れたならば、きっとその美味しさはもちろん、料理としての懐の広さに〝良い意味〟で、ぞうすいの概念をくつがえされるだろう。

海鮮好きにはたまらないよくばりぞうすい。優しい味わいでペロリと食べられる。牛肉ぞうすい（1078円）など、もちろん"肉系"も充実。

住所　山口県光市塩田2085-1
電話　0820-50-4130
時間　10:00～15:00（LO14:00）
休日　水曜、第2火曜

ヘルシーかつお洒落なリコピンたっぷりトマトぞうすいなど、「和」にとらわれないメニューも店の自慢。女性客には手作りデザートも好評。

Photo:Taichiro Kaneyuki　text:Taichiro Kaneyuki

08 Yamaguchi Yanai-shi
山口｜柳井市｜カフェ

ItonamiCafe《いとなみかふぇ》

古き良き風情のくつろぎ空間
手作りの味で至福のひととき

まるで「となりのトトロ」の一場面と思えてしまうほどの佇まい。さまざまな草花で季節が石垣をデコレーションしてくれる

東京からIターンして「田舎」への移住と、その〝生業（なりわい）〟としてカフェのオープンを描いていた、店主の高崎知耶さんと恵美子さん夫妻。縁あって柳井市日積の山里で出合った築130年の古民家を、仲間の手を借りながら1年をかけて自らリノベーションした。店名は「営み」という言葉から。2015年のオープン後、農業にも携わりながらのその営みは、今ではすっかり地域に溶け込んだ存在だ。古き良きノスタルジックな空間が醸す居心地の良さや、手作りにこだわる優しい味わいの料理の評判が広がり、近隣はもとより、遠方からもお客が訪れる。

ランチはチキン南蛮がメーンのAランチ（1100円）、鹿肉カレーのBランチ（1210円）、店主おまかせのCランチ（1210円）の3種。料理は奇をてらわず、誰しも一度は味わったことがあるもの、そして野菜たっぷりというのが信条だ。野菜や海産物など、地物を中心に使用し、定食の小鉢からあふれる季節感がたまらない。近くの畑で栽培している一部の野菜は、調理の直前に〝ちょっと〟収穫に行くことも。コシヒカリの自家栽培にも取り組み、9月にはその年の新米がお目見えする。また、近隣の人にはチキン南蛮弁当（800円）や、旬を詰め込んだ中身はおまかせ弁当（900

①縁側の先にレトロな足踏み式のミシン。②床の間があった場所の棚には作家の作品が並ぶ。展示品は購入可能。③ランチはドリンク付でデザートの追加（264円）も可。④土間に鎮座する薪ストーブ。

円）などテークアウトも好評だ。

デザートプレート（495円）で味わえるスイーツはガトーショコラ・チーズケーキ・シフォンケーキなど、日替わりで2種を手作り。コーヒー（396円〜）は井戸から汲み上げる天然水仕立てで、自家製ジンジャーエール（473円）なども見逃せない。

季節や天気によってはガラス戸が開け放たれ、里を渡ってくる心地よい風を直に感じられるのも大きな魅力。里山や田園風景からうかがえる季節の移ろいが、くつろぎに華を添えてくれる。開放感たっぷりの座敷は、小さな子どもがいるママさんたちにも人気。それは何よりも、安心して味わえる料理があればこそだ。そして、ふらりと訪れた地元の人が居合わせれば、たちまち地域交流の場にも。地域に根ざす暮らしをと念頭に置いていた二人にとって、これこそ目指すもう一つの店の姿だ。この地で積み重ねてきた「営み」が、着実に実を結びつつあることは間違いない。「誰もがほっとできる空間を提供していきたい」と語ってくれた高崎さん。店を訪れる度、きっと誰もが「ただいま」と呟きたくなることだろう。

本日のデザートプレート(ランチorドリンク注文の方)。スイーツ2種と季節の果物(写真はカボチャのケーキとシフォンケーキ)。

住所　山口県柳井市日積3060
電話　0820-28-0067
時間　11:00〜16:00
休日　日曜、祝日、不定休あり

HP

高崎さん夫妻。田舎への移住は、カフェの開店とともに子育てを考えてのもの。伝統工芸などワークショップの開催も構想中。

Photo:Taichiro Kaneyuki　text:Taichiro Kaneyuki

中世に守護大名大内氏の拠点として繁栄した山口市中心部は、
瑠璃光寺五重塔など大内時代の史跡が点在。
幕末には維新志士たちの雌伏雄飛の場となり、彼らの足跡も数多く残る。
そして千三百年もの昔に周防国府が置かれた防府市は、
古代より瀬戸内海の交通の要衝として繁栄。
防府天満宮は多くの人々の心の拠り所であり、
周防国分寺や毛利氏庭園など、近世までの時の流れが随所で目の当たりにできる。
歴史薫る二つの街にはその情緒に癒やしを求めて
多くの人が街巡りに訪れる。
古い町屋カフェや古民家カフェはその楽しみの一つとして外せない。

中部エリア

09 Yamaguchi Hofu-shi
山口 | 防府市 | オーガニックカフェ

空間茶天

くうかんちゃてん

かつて旅館でもあったというだけあって、土間もお座敷も広々。中庭を囲む廊下の先にある奥の間は、グループでの利用におすすめ。

天神様の門前のくつろぎ空間
優しく体を想うこだわりの味

観光スポットであり、菅原道真公が祀られ地元の人にとっては心の拠り所にもなっている防府天満宮には、毎日多くの人々が参拝に訪れる。門前の街並みには、飲食店や和菓子店、雑貨店など、さまざまな店が点在し、参拝者のみならず、お気に入りの店を訪れるためにわざわざ足を運ぶという人も多い。その中でもとりわけファンが多いのが、石造りの大きな「一の鳥居」から歩いてわずか３分の場所にある『空間茶天』。かつては旅館だったという築１００年を超える建物のノスタルジックな雰囲気と、店主・横田栄子さんが丁寧に手作りする優しい味わいの料理が評判だ。

料理は有機栽培される野菜が中心で、お米を含め、その多くを横田さんの夫・弘志さんが無農薬での自家栽培に取り組む。調味料も無添加のものを厳選し、味噌、みりんに至っては栽培したお米を使い自家製造。身体に負担がかからないようにと、動物性のものや乳製品をなるべく避けるなど、徹底して食の安心・安全にこだわっている。

中でも人気なのが、店の代名詞的な存在でもある、からだ想い定食(１３２０円)。ごはん、サラダ、味噌汁に、メーン１品、副菜７品という盛りだくさんの内容で、使われる旬の野菜は、その栄養はもちろん、季節ごとの身体への

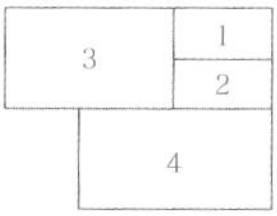

①中庭の緑を映す古いガラス戸が美しい。②鉄製品は電気スタンドや蚊取り線香の土台も。もちろん購入可。③おからのガトーショコラは小麦粉不使用。④店内に響く振り子時計の音がさらなるレトロ感を演出。

効能までもが考えられているネーミングどおりの定食だ。ちなみに、お米の品種は「神米（しんまい）」と呼ばれるイセヒカリで甘みの強さが特徴。通常のごはんはイセヒカリに、古代米の一種で栄養価の高い黒米（もちろん自家栽培）がブレンドされているが、新米の登場する10月末頃からしばらくの期間はイセヒカリのみで提供される。

さらに、食材や調理へのこだわりは絶品ぞろいのスイーツでも抜かりない。米粉の豆乳シフォンケーキ（385円）、おから100％のガトーショコラ（440円）、自家製豆乳アイス（363円）など、いずれも牛乳やバターを使わず、卵は信頼できる地元農場のものを厳選。オーガニック豆を使用した自家焙煎コーヒー（440円）や豆乳チャイ（495円）とともに、至福のひと時を堪能できる。

弘志さんは、鉄製品の製造や修理を手がけており、店で使用する調理器具やコーヒーの手回し焙煎機も自家製なのだそう。土間の側面の棚に並ぶフライパンや鉄製雑貨など、棚の品々はすべてオリジナルだというから、こちらにも注目してほしい。

季節の野菜がたっぷりと使われたからだ想い定食。オリジナルスイーツが味わえるセット（1870円）もおすすめ。

住所　山口県防府市上天神町6−17
電話　0835-22-0073
時間　11:30〜15:30
休日　木・日曜

HP

店主の横田栄子さん。野菜と米の栽培、コーヒーの焙煎を担当するご主人の弘志さんと、二人三脚で店を切り盛りする。

Photo:Taichiro Kaneyuki　text:Taichiro Kaneyuki

10 Yamaguchi Hofu-shi
山口｜防府市｜ギャラリー・カフェ

Gallery&Cafe 那加屋 花冠《ぎゃらりーあんどかふぇ なかや かかん》

江戸時代の脇本陣を利用
歴史と美術の愛好家が集う

旧山陽道と萩往還が交差する防府市宮市地区に、かつての脇本陣・中村家跡の古民家を改装したカフェがある。店を営む中﨑徹さん、香代美さん夫妻は、それぞれ山口県山陽小野田市と宇部市の出身で、徹さんの定年退職を機に広島県からUターンした。新たな住まいを探していたところ、偶然に出合ったこの中村家跡に一目惚れしたという。「明治以降に建て替えられたものと聞いていますが、特徴的な中庭や土蔵が残っていて当時の雰囲気が今もなお感じられます。京都から移築された部屋や毛利邸を建てたときにいただいた柱もあり、本当に奥深い建物です」と、徹さんがその魅力を教えてくれる。

店内はカフェスペースと、かつての土間を利用したギャラリースペースで構成。20代の頃からカフェを開きたかったという香代美さんと、美術品や骨董品が大好きな徹さんの夢を同時に叶えた形だ。訪れる客のほとんどが、ランチやコーヒーを楽しんだり、徹さんセレクトの美術品を眺めて2〜4時間は滞在するという。「昔ながらの日本家屋なので、きっと居心地が良いんでしょうね。定期的に作家さんによる個展も開催しているので、何度でも訪れていただきたいです」と香代美さん。多数並ぶ地元の作家や萩焼作家の作品は購入も可能だ。

明治期に京都から移築された部屋と、廊下で囲まれた裏庭はまるで時代劇のセットのよう。度重なる修理により、各時代の建材が建物の至る所に使われている。

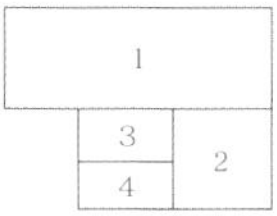

①和のテイストを活かしたシンプルな内装が落ち着く。毛利邸から譲り受けたと伝わる立派な柱も残る。②④明治期以前からあると推測される中庭。③奥の間は個展の会場として使われることも。

食事の一番人気はビーフシチュー（１５２０円）。さまざまな種類のソースをブレンドした濃い目の味付けが特徴だ。口の中でほろほろと崩れる牛肉もまた美味で、リピーターが多いのも頷ける。また、スイーツのおすすめは、生クリームがたっぷりのった、自家製のチーズケーキ（６６０円）。いろいろなレシピを参考に研究を重ね、やっとたどり着いた味だという。そして、今二人が最も力を入れているのは、土・日曜のみの数量限定のテークアウトメニュー。ラム酒の香りがふんわりと漂う、ラム香る大人のプリン（３８０円）と、京都の宇治抹茶を使った、芳純有機抹茶の大人のプリン（４８０円）はコーヒーともよく合うので、ぜひ味わっておきたい。

また、「美術品や文化的なものが好きな人たちが集まる場所にしていきたい」と、歴史的価値の高い建築物を多くの人に見てもらうため、見学のみも受け付けている（一人２００円）。貴重な美術品を多数展示しているので、入店は中学生以上に限定。歴史や美術を楽しみながら、ゆったりとしたひと時を愛する大人におすすめの一軒だ。

老若男女に愛されるビーフシチューは、パンまたはライス、サラダ、デザート、コーヒー付き。写真のデザートは自慢の手作りプリン。

住 所　山口県防府市宮市町10-36
電 話　0835-28-8538
時 間　10:00〜17:00(LO16:30)、
　　　 モーニング10:00〜
休 日　火·水曜

HP

生クリームとキャラメルソースがたっぷりとのった自家製のチーズケーキ。甘さ控えめのチーズケーキと甘いソースの相性は抜群。季節のフルーツも添えられた、見た目も可愛さも人気の理由。

Photo:Risa Kashitani　text:Kaori Fujii

11 Yamaguchi Hofu-shi

山口 | 防府市 | カフェ&ガーデン

エディブルフラワーカフェ れんげハウス

えでぃぶるふらわーかふぇ れんげはうす

季節の花を食す癒やしの美味
気持ちも華やぎリフレッシュ

「エディブルフラワー」とは食用花のこと。JR山陽本線大道駅からすぐ近く、駅前の古くからの街並みの中に佇む金・土曜のみ営業する完全予約制の古民家カフェ『れんげハウス』では、〝食べられる〟花々が美しくデコレーションされた料理が評判だ。エディブルフラワーは、ガーデナーでもある店主の福田美由紀さんが土壌づくりからこだわり、多彩なハーブとともに無農薬で栽培。個人だけでなく、飲食店や事業者向けにも販売も行い、山口県内で希少なエディブルフラワー生産者としても注目を集めている。

ランチメニューとして提供されているれんげプレート(1100円)は、地元の新鮮野菜が盛りだくさんで、豆腐白玉、梅の酵素ジュース、季節の具材のみそ汁など、6品が味わえる。実家であるこの建物では、かつて米屋を営んでいたことから、福田さんも米の善し悪しを熟知。ごはんは、山口市徳地の信頼できる農家から直接仕入れるお米に、古代米、発芽玄米、大麦、黒豆などを加え十六穀米として提供している。メーンのおかずは、レンコン、山芋、ニンジンなど根菜をすりおろした雑穀コロッケ。体に優しい味わいで食べ応えも十分だ。デコレーションされるエディブルフラワーは、季節によってさまざまで、花びらそのものの味わいはほぼ

落ち着いた雰囲気のカフェスペースには、座り心地にこだわった北欧製のチェアーが置かれている。優しい自然光に包まれる縁側が特等席。

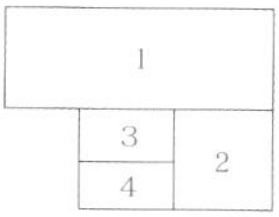

①内装は店主自らがリノベーション。レトロ感がお洒落。②見ているだけで癒やされる窓際の植物。③薔薇など花からエキスを抽出する蒸留装置。④入口は昔ながらの広い土間。

無味ながら、ビタミンC、ミネラル類、食物繊維のほかに、花の持つ色素によっては目に良いとされるアントシアニンなど、たっぷりの栄養成分を摂取できるという。豊かな香りや色鮮やかな見た目に気分もリフレッシュ。味はもちろん、美しい花々が通常の料理にはないプレミアム感を演出している。また、れんげプレートに+550円でドリンクとスイーツをセットにできる。

フレッシュハーブティー(350円)も自慢で、レモンバーベナ、ペパーミント、カレンデュラ、月桃など、季節によって種類は多彩。その日の朝摘みのものを蒸らすことから、鮮烈な香りが楽しめ、清涼感は格別だ。また、5月から12月初旬にかけては、薔薇紅茶(500円)が提供される。薔薇は無農薬での栽培が特に難しいとされるだけに、フレッシュな花を使った紅茶はとても希少。芳醇な香りに豊かな栄養素、人を美しくさせる成分を多く含むといわれ、美容にこだわる人なら見逃せないメニューだ。運が良ければ自家製の薔薇ジャムに出合えることもある。また、店内で仕上げるオリジナルブランド「sakiwai」のルームコロンを展開している

れんげプレートはたっぷりの季節の花々でデコレーション。花や自家製ハーブの摘み取りが必要なため、前日までの予約が必要。

住所　山口県防府市台道3601-2
電話　0835-32-0008
時間　11:30～15:00（前日までの完全予約制）
休日　日～木曜

薔薇ジャムとともにいただくお抹茶アイス（400円）にも可憐な花びら。この日のハーブティーはレモンバーベナ。

Photo:Taichiro Kaneyuki　text:Taichiro Kaneyuki

12 Yamaguchi Yamaguchi-shi
山口 | 山口市 | レストラン

創作欧風料理レストラン アンシャンテ

そうさくおうふうりょうりれすとらん あんしゃんて

落ち着いた雰囲気の店内では、月に1回、いずれかの土曜日にギターの生演奏が楽しめる。まれに女性ボーカリストが登場することも。

こだわりから生まれる美味
目と舌で楽しむ至福の一皿

築100年の古民家をリノベーションした店は大きな屋根が印象的で、店内は日本家屋ならではの梁をそのまま見せる造りとなっている。天井を高く見せているからか、不思議とヨーロッパの田舎の家屋を思わせるお洒落な雰囲気だ。料理のベースはフレンチながら、イタリア、スペイン、東欧、ロシアなど、ヨーロッパを中心にアレンジはさまざまで、屋号の「創作欧風」が示す通り、特定の料理ジャンルにこだわらない。評判の料理は、素材そのもののうま味や香りによって味を表現することに重きを置いており、調理の基本は塩、こしょう。ゆえに、山口県産を中心とする食材選びには特に力を入れ、毎朝の仕入れはオーナーシェフ自らが、県内の農産物直売所や朝市、市場などに足を運んで、新鮮で質の良いものを厳選している。

メニューはエスポワール（ランチのみ）、セゾン、エモーションの三つのカテゴリーから選ぶことができ、それぞれセット内容が異なる。エモーションは少しリッチに楽しみたい人向けで、パスタ・ピザ・ハンバーグ・肉・魚からメーンを選び、前菜やスープ、サラダ、パン、デザート、ドリンクが付くハーフコース仕様だ。また、ディナータイムには、セット（3050円～）やフルコース（6200円～）もあり、単品も充実。毎年12月に登場し、キャビアを使ったアミューズやロースト

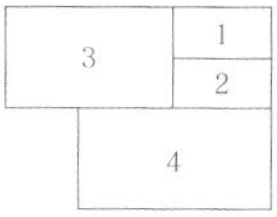

①記念日に利用する夫婦やカップルも多い。②店舗裏側が道路に面し店内はとても静か。③建材の一部はさらに古い家屋から転用されているものもある。④駐車場と建物の間にある前庭もお洒落。

チキンなど、特別なメニューが並んだりデザートが選べるクリスマスディナーを、心待ちにしているファンも多い。

また、季節の食材を使ったその日限り、あるいは数日間限りのメニューもあり、本日のパスタやピザなど、店内の掲示は要チェックだ。「普通のものを安直に作るのではなく、良い意味での〝驚き〟を提供したい」というシェフのこだわりから、これまでにもインパクトのある逸品が度々登場している。萩特産の巨大な「萩たまげなす」にパスタを詰めたり、パスタ一皿にワタリガニをまるごと一杯使ったりと、シェフの腕が折り紙付きであるだけに、これらのプレミアムな絶品を見逃せない。

そして、セット、コースで味わえるスイーツももちろん人気。プリンやブレッドアンドバタープティングなどが定番品だが、ラインアップは単純に「シェフが食べたい」と思ったものが登場する。こちらもリンゴのタルトなど季節のフルーツをたっぷりと使った期間限定のものがお目見えすることがあり、店を訪れたならまずはスイーツのショーケースを覗いてから席に着くのがおすすめだ。

サラダ、パン、デザート、ドリンク付きのセゾン（1890円～前後）の一例。メーンはスズキのポワレ香草ソース。パンも自家製。

住所　山口県山口市小郡下郷134
電話　083-973-5339
時間　11:00～16:00（LO15:30）、
18:00～21:30（LO21:00）
休日　不定休

イギリスの伝統的なお菓子で、店のスイーツの中でも人気のブレッドアンドバタープディング。

Photo:Taichiro Kaneyuki　text:Taichiro Kaneyuki

13 Yamaguchi Yamaguchi-shi
山口｜山口市｜イタリアンレストラン

イタリア食堂 ベケ!?

いたりあしょくどう べけ

店の裏手には龍福寺の境内があり、敷地内の日本庭園とともに緑豊かな光景が広がる。庭園は、ディナー営業時にはライトアップされる。

アートな空間で堪能する イタリア中部の家庭の味わい

八坂神社の大鳥居から歩いてすぐ、風に翻るイタリア国旗が目印の『イタリア食堂ベケ!?』。外見は築100年を超える日本家屋そのものだが、玄関をくぐると雰囲気は一変。店内はイタリアと古き良き日本が、アートとともに融合した空間になっている。

店主の粉川妙さんは、イタリア料理研究家の顔を併せ持つ。イタリア中部のウンブリア州スポレートで、料理人やスローフードライター、さらに旅のコーディネーターとして、11年間にわたり現地の食文化を探究した後、2016年に同地出身の画家である夫のロベルト・ピビリさんとともに山口市へ移住した。よって、店の自慢は国内ではなかなかお目にかかることができないイタリア中部の家庭料理。スポレートの食文化を山口の人に楽しんでもらいたいという思いから、食材は旬と新鮮さにこだわり、山口県産のものを中心に、時に生産者の元へと直接足を運ぶこともあるという。美味な料理はもちろんのこと、店主夫婦の人柄と、中部イタリアの家庭に招かれたような飾らない店の雰囲気に惹かれ、2019年10月のオープン以来、着実に常連を増やし続けている。

ランチ(予約優先)では、季節の野菜をたっぷり使った前菜の盛り合わせ、パスタ、本日のドルチェがセットになったプランツォ・バルカッチャ

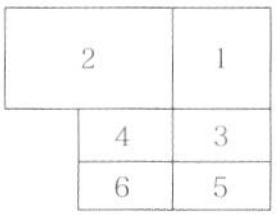

①庭園に面する個室。②カウンター席はバールの雰囲気。③店内は土足のままでOK。④ロベルトさんデザインのランプシェード。⑤ロベルトさんの作品も多数展示。⑥新商品パンペパート(850円)は黒胡椒のきいたナッツ入りチョコ。

(2200円)を提供。パスタは3種の中から好きなものが選べ、もっちりとした食感が特徴のスポレート風の手打ち麺(+330円)もおすすめ。季節のフルーツやイタリアから取り寄せたチョコレートなどが使われるドルチェは、四角い平皿にお洒落にデコレーションされ、上質な味わいとともに見た目に心も華やぐ。

そして、コース料理(4400円〜、2名より要前日予約)限定のディナーは、一部屋に一組のみのぜいたくな空間でフルコースがいただける、木〜土曜のみのお楽しみ。イタリア産ワインやイタリア大衆ビール「モレッティ」など、現地のアルコールをお供に絶品の品々を堪能することができる。

なお、ロベルトさんは移住して早々に山口県美術展覧会にて大賞を受賞するなど、山口暮らしを満喫しつつ、それをもインスピレーションにして日々創作に勤しむ。店のオープンにあたってはリノベーションにも携わり、彼がデザインしたカウンターテーブルやふすま、ランプシェードが使われている。店内のあちこちに飾られている、これまでに創作した美術作品にもぜひ注目したい。

プランツォ・バルカッチャの一例。この日のメーンは菜園風手作りベーコン入り手打ちパスタで、前菜も内容もりだくさん。

住 所　山口県山口市野田2
電 話　083-996-5230
時 間　11:30～14:30（LO13:30）、18:00～21:30
（夜は木～土曜のみ、要予約）
休 日　火曜（祝日の場合は営業）

HP

粉川さんとロベルトさん。店名「Be' che e' ?!」はロベルトさんの故郷スポレートの方言で「なんとかなるさ」という意味。

Photo:Taichiro Kaneyuki　text:Taichiro Kaneyuki

小さな中庭にはしだれ桜とモミジがあり、春と秋には奥のフローリングルームが特等席となる。

14 Yamaguchi Yamaguchi-shi
山口｜山口市｜自然製天然酵母のパンとベーグル・焼菓子の店

TSUKINOWA・&cafe

つきのわ・あんぱーさんどかふぇ

行列必至のこだわりベーグル 隣の町屋カフェで絶品を堪能

　山口市大殿大路の歴史ある建物が並ぶ町並みの一画にある『TSUKI-NOWA（ツキノワ）』は、自家製の天然酵母など国産素材とオーガニックにこだわる絶品のベーグルで評判の店。「もちもちふわふわ」でありながら、しっかりした食感と優しい味わいが魅力で、その味に惚れ込み、わざわざ遠方から足を運ぶという人も多い。そして、テークアウトだけでなく、くつろぎながらベーグルを楽しんでもらおうと、店の隣に誕生したのがカフェ『&（アンパーサンド）』だ。

　こちらもTSUKI-NOWA同様に、築100年を超える町屋で、日本家屋の梁や柱をお洒落に見せる形でリノベーション。広い土間にはソファー席のほか、奥には個室風のフローリングスペースがあるなど、落ち着いた雰囲気の空間が広がる。ツキノワで買ったベーグルを持ち込んでくつろぐもよし、オリジナルブレンドのコーヒー（432円〜、ツキノワで買い物をすると108円引き）と一緒に味わうのもよし、一人でもグループでも好きな場所に陣取ってゆったりできるのが魅力だ。

　販売されるベーグルは、マフィンなど焼き菓子も含めておよそ20種。オーガニックチョコレート（280円）やベーコンチーズペッパー（367円）といった定番品とともに、りんごと

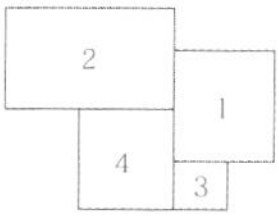

①本日のスープ（432円）は、ベーグルとセットなら108円引き。②ショーケースにはベーグルやサンドがぎっしり。③お洒落な店の看板は金属製。④ふかふかのソファー席は早い者勝ち。

カスタードクリーム（356円）、ごまおさつ（313円）など、季節のフルーツや野菜を使った期間限定品も登場する。訪れる度に多種多彩なベーグルに出合えるのもまた大きな楽しみといえる。いずれも売り切れ次第販売終了となるので、お目当ての品があるなら、早めの訪問がおすすめだ。

　また、ベーグル生地のサンドも評判で、「ロックス」と呼ばれるサーモンとクリームチーズのサンド（648円）、あんことクリームチーズサンド（388円）、生ハムとブリーチーズのサンド（529円）など、こちらもバラエティー豊か。中でも、ローストビーフのサンド（756円〜）は不定期での販売でありながら、いつも陳列間もなく売り切れてしまうほどの人気ぶり。目にしたときは迷わず購入したいおすすめの逸品だ。

　なお、木〜土曜日にはカフェメニューとして、好みのベーグルやサンドに追加注文する形で、スープ、サラダ、ミニデザート付きのランチセット（638円、ドリンク付858円）やカレーやシチューなど季節のランチ（1320円）も提供している。

奥に長細い建物の造りは、古い町屋ならでは。温かみのあるインテリアが居心地をさらに快適にしている。

住所　山口県山口市大殿大路134-1
電話　080-3965-4402
時間　11:30〜18:00(売り切れ次第閉店)
　　　ランチ11:30〜LO13:30
休日　日〜火曜

安心の食材から生まれるベーグルは、子どもを持つママたちにも人気。おやつに食事にと、一週間分を買い込む人も多い。

Photo:Taichiro Kaneyuki　text:Taichiro Kaneyuki

15 Yamaguchi Yamaguchi-shi
山口｜山口市｜町家カフェ

遊恭茶房おかだ《ゆうきょうさぼうおかだ》

Yamaguchi Old House Cafe and Restaurant

町屋のお座敷で散策の一休み 野菜たっぷりのランチが人気

旧酒蔵商家の建物に隣接し、周辺にも古い町屋の和菓子店や衣料品店などが点在。年間を通じて多くの人が散策に訪れる。

山口市大殿一帯は、室町時代に守護大名大内氏が京の都を手本に街づくりを行ったことから、路地が縦横にまっすぐ延びる風景が印象的だ。周辺には「大内氏館跡（龍福寺）」や、桜と蛍の名所・一の坂川などの観光スポットが点在している。縦のメーンストリートの一つ「竪小路」沿いにある築120年以上の古い町家で営む『遊恭茶房おかだ』は、店主の岡田恭子（やすこ）さんが、住居の一部を開放して「訪れた人におもてなしができれば」と、2002年にオープンした。店内はアットホームな雰囲気で、丁寧な手作り料理や岡田さんとのおしゃべりを楽しみに、知る人ぞ知るお茶スポットとして口コミでリピーターが増え続けている。

食事はランチ（1200円、当日午前までの要予約）のみで、野菜をたっぷりと使用するのが基本。メーン料理の付け合わせや、小鉢の煮物、酢の物など、旬の野菜がにぎやかに膳を彩る。一品一品丁寧に手作りされ、その味わいからはしっかりと手間をかけ、工夫がなされていることを垣間見ることができる。一口食べて「おっ」と思わせる味のメリハリが楽しく、次々と箸が進む。ベースは家庭料理ながらも、一線を画す美味しさだ。ごはんは、山口県でも有数の米どころ・阿東産のコシヒカリ。信頼でき

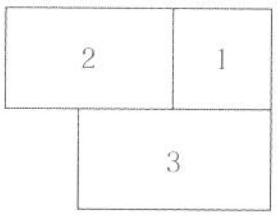

①岡田さん自らが手入れする中庭。秋にはアケビが実る。②しっとり&ふんわりなシフォンケーキを楽しみに訪れる人も多い。③お座敷には椅子席や掘りごたつの席も。

る農家から直接仕入れた玄米をこまめに精米して使っている。普段は、古代米をブレンドした雑穀ごはんや炊き込みごはんとしてランチに登場するが、新米のシーズン限定で艶々の白いごはんに出合える。なお、苦手なものや食べられない食材を予約時に伝えておくと柔軟に対応してくれる。さらに、常連になると「パスタが食べたい」など、メニューにない料理でも多少のわがままに応じてくれることもあるそうだ。

　また、手作りシフォンケーキも名物で、ランチのほかにケーキセット（600円、コーヒーか紅茶を選択）でも味わえる。きめ細かな生地は、ふんわりなめらかな食感で、甘さも控えめ。添えられている季節のフルーツも楽しみの一つだ。

　近隣一帯では、「大殿ひなさんぽ（2〜3月）」「端午deさんぽ（4〜5月）」など、古い街並みを生かした散策イベントが年間に複数開催される。同店も休憩スポット兼展示スポットとして参加しており、店内にひな人形、軒下に鯉のぼりが飾られるなど、季節を彩る情緒豊かな光景に出合うことができる。

ランチは1200円。デザートと飲み物まで付いて大満足。小鉢に汁物、付け合わせも多種多彩で内容は訪れてのお楽しみ。

住 所　山口県山口市下竪小路17
電 話　083-922-3182
時 間　11:30〜15:00
休 日　月･金〜日曜

玄関スペースには岡田さん制作の品も含め、アクセサリーや置物、人形のほか、ハンドメード作家による雑貨が並ぶ。

Photo:Taichiro Kaneyuki　text:Taichiro Kaneyuki

16 Yamaguchi Yamaguchi-shi
山口 | 山口市 | カフェ

Rubino café

るびの かふぇ

鴻ノ峰の麓で、すぐ近くには山口大神宮も鎮座する閑静な環境。山口県庁から歩いて５分という近さから県職員にもファンが多い。

野菜たっぷりのおひるごはん
隠れ家カフェで午後の癒やしを

　山口県庁のほど近く、住宅地の細い坂道を上った先に佇む『Rubino café』は、築50年の古民家をリノベーション。ブロック造りの白い壁に板張りの床というシックな雰囲気に、アンティーク風のテーブルや椅子、ソファなど温かみのあるインテリアが映える。自然光が柔らかく差し込む空間は、まさに知る人ぞ知る大人の隠れ家。近隣オフィスに勤務する人、ママ友、カップルなど客層も幅広く、その評判の高さがうかがえる。

　ランチタイムともなると、店内はたちまち満席となる。きょうのおひるごはん（ドリンク付1200円、約20食限定）を楽しみに、予約を入れて訪れる人も少なくない。肉料理かサーモンのきのこソースやサワラのポワレなどの旬の魚料理を選べるメーンプレートは、週ごとに内容が替わる。食材は地元産が中心で、特に野菜は毎朝開かれる朝市で旬のものを吟味。サラダはもちろん副菜にもたっぷりと使われ、カリフラワーのポタージュなど、スープの材料は季節ごとのお楽しみ。料理のアクセントや付け合わせに使われるバジルやローズマリーなど、各種ハーブは自家製だ。調理においては、食材そのものの美味しさを引き出すために、シンプルな味付けにこだわっている。そして、毎日4、5種が用意される手作りスイーツも見

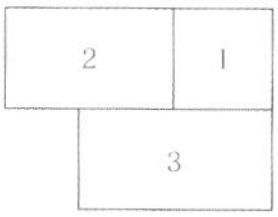

①カウンター席もあり一人でも気軽に利用できる。②ロールケーキは季節ごとにフルーツが替わる（写真は秋のイチジク）。②ソファ席は子ども連れに人気。冬は薪ストーブが焚かれる。

逃せない。ガトーショコラ、バスク風チーズケーキ、焼きプリン、抹茶ケーキなどのいずれかとともに、冬から春にかけてはイチゴ、夏はメロン、秋はイチジクといった旬のフルーツを使ったロールケーキも要チェック。きょうのおひるごはんに追加（200円）できるほか、各種ドリンクと組み合わせて注文（300円+ドリンク代）もできる。

　なお、店内のあちらこちらに飾られているカエルのマスコットは、〝お客さんが無事に帰る〟などと願をかけた店のお守りだ。店主・林尚子さんのカエル好きが高じてのもので、線描画家・田村覚志さんデザインのロゴにも愛らしく描かれている。さらに、各メニューの器や陶器のランプシェードや壁飾りにもご注目を。いずれも萩焼作家・金子愛さんの作品で、ほっこりした風合いの中にもスタイリッシュさを併せ持ち、自慢の料理をより美味しそうに、店の空間をよりお洒落に演出している。ちなみに、5人以上から予約限定（料理1人3000円〜）で夜の利用も可能。気軽に貸し切りで利用することができるパーティースペースとしても人気を集めている。

「きょうのおひるごはん」の一例。肉料理ではハンバーグのほかに鶏肉料理なども登場。魚とともに和洋のジャンルにこだわらない。

住所　山口県山口市滝町5-2
電話　083-976-4777
時間　11:00〜17:30
休日　不定休

店主の林尚子さんとのおしゃべりを楽しみに訪れる人も。林さんは「NAO」名義でレザークラフトアーティストとしても活動している。

Photo:Taichiro Kaneyuki　text:Taichiro Kaneyuki

山口県をぐるりと囲む日本海と瀬戸内海は、関門海峡で結ばれる。
荒々しい響灘に沿って北から絶景・角島、
川棚温泉と巡れば、古今の風情に異国情緒も漂う
下関の海峡の街並みへと辿り着く。
城下町・長府を経て穏やかな周防灘を見ながら
東へと進めば、コンビナートが建ち並ぶ山陽小野田、宇部の市街地へ。

さらに内陸部には美祢市が位置し、
秋吉台では大自然の胎動を目の当たりにできる。
地域ごとの気候の変化が大きな西部エリアでは、
「住まい」の風情も各地でさまざまだ。

西部エリア

15 Yamaguchi Ube-shi
山口｜宇部市｜フレンチレストラン

古民家《こみんか》 倉《そう》～sou～

四季折々の豊かな自然と調和した赤瓦の大屋根が目を引く。耳をすませば鳥の声や風の音が聞こえてくる。

地元野菜をふんだんに使う フレンチが楽しめるカフェ

美しい山並みと、のどかな田園風景が広がる宇部市楠地域の万倉にある、どっしりとした赤瓦の大屋根が印象的な建物は、築130年の古民家を利用したフレンチが味わえるカフェだ。楠地域の農林業振興と地域の活性化の拠点となっている温泉複合施設「楠こもれびの郷」のすぐそばにあり、くすのき温泉「くすくすの湯」や農産物直売所「楠四季菜市」、農家レストラン「つつじ」とともに、地域の人々から愛されている。

温泉施設そばの空き家をそのままにしておくのはもったいないと、集まった地域の仲間たちで力を合わせてリノベーションし、2013年5月にオープン。「地元の野菜を使って地域を元気にしたい」「地域の雇用を創出したい」との思いを込め、店名「倉（そう）」には、「想」「奏」「創」の3つの「そう」の意味も隠されているという。その思いの通り、アーティストを招いてのライブやさまざまなワークショップを開いたり、ギャラリースペースで地元作家の工芸品を展示したりと、地域を元気にする場所としての役割も担っている。

ランチのおすすめは、メーンに宇部牛のステーキが登場する宇部牛コース。たっぷりの野菜にプロシュート（生ハム）を添えたサラダ、シェフのおまかせパスタ、併設する「田舎のパン屋さん

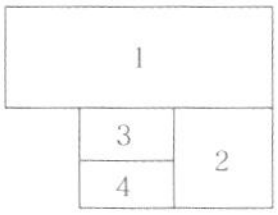

①ブルーの壁、柿渋を施した梁が特徴的なシンプルかつお洒落な空間。②人気のデザートセット（1210円）。③天井に渡された仕切り梁から、特徴的な構造がうかがえる。④再利用した引き戸や襖を眺めるのも楽しい。

クルール」の焼きたてパン、デザート、コーヒーと内容盛りだくさんで、すべてが手作り。特に野菜にはこだわり、旬で新鮮なもの、できる限り地元のものを使うために「楠四季菜市」で毎朝買い付けている。そして、季節の素材はパスタやデザートだけでなく、サラダのドレッシングにまで反映されるというから驚きだ。ちなみにこの日のドレッシングはイチジクで、一番人気は12月頃から始まるイチゴだそうだ。さらに「できたての温かいものを食べてもらう」のがシェフの信条。料理を出すタイミングにも細かく気を配っており、決して妥協はしないという。

　また、訪れた際にはカフェ周辺の風景に目を向け、堪能することも忘れないでほしい。春は山口県生まれの野菜「はなっこりー」の黄色い花が、夏は大輪のひまわりが目の前の畑を埋め尽くす。そして、秋は木々が赤や黄色に染まり、冬は真っ白な雪が大地を覆うのだ。美味しい料理とゆったりと流れるぜいたくな時間、四季折々の美しい景色が楽しめる特別な場所『古民家 倉～sou～』。食事の利用は事前に予約が必要なので、お忘れなく。

人気の宇部牛コース(3300円)。旬の野菜がたっぷりと使われたボリューム満点のメニュー。

住所　山口県宇部市東万倉二ノ沖田917
電話　0836-67-0880
時間　11:00～16:00(ディナーは要予約、～22:00)
休日　水曜

HP

土間だった場所を活用したギャラリースペース。陶器や革製品、地元名産の赤間硯など、宇部近郊の作家による工芸品を展示販売する。天井には見事な梁が渡されており、その様子は圧巻だ。

Photo:Risa Kashitani　text:Kaori Fujii

18 Yamaguchi Ube-shi

山口｜宇部市｜おはぎカフェ

かまたの恵

かまたのめぐみ

四季折々の庭の表情が楽しめる三間続きの広間。小さな子ども連れでも安心のゆったり空間だ。広縁のテーブル席は、晴れた日はぽかぽかの陽気が心地良い。

懐かしい味と時間が楽しめる
愛情たっぷりのおはぎ専門店

　宇部の市街地から離れたのどかな鎌田地区にあるのは、山口県では珍しいおはぎ専門のカフェ。築60年の古民家を利用し、家の主でもある米農家の藤井芳治さんと、地元有志のお母さんたちが運営する。営業日は朝から集まっておはぎ作りに精を出し、1日に作る平均の数は200個。予約によっては600個作ることもあるという。くるくると手で丸め、きれいに包み込む作業は慣れたもので、世間話に花を咲かせながらもどんどんできあがっていく様子は、見ていて何とも微笑ましい。そんな愛情たっぷりのおはぎを、手入れされた庭が眺められる三間続きの広間や日当たりのいい広縁で味わえるのだから、人気が集まるのも頷ける。しかも、立派な梁や繊細な加工が施された欄間など、日本建築の匠の技があちらこちらに散りばめられていて、古民家好きにはたまらない空間だ。訪れる人の中には、子どもの頃に住んでいた家にそっくりだと、電車を乗り継いでやってきたおばあちゃんもいたという。

　この店の誕生のきっかけは、宇部市による「空き家であなたの夢実現プロジェクト」。両親が建てた思い入れのある家の行く末を悩んでいた藤井さんは、崩すくらいなら地域のために活用しようとプロジェクトへの応募を決めた。「この家で何をしようかと考えたとき、母のお

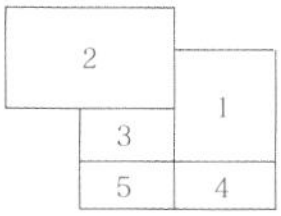

①庭の緑が眩しい広縁は人気席。②かまたのおはぎ（単品150円）。③おはぎは一つ一つ丁寧に手作り。④好きなおはぎ2個とドリンクが選べる、かまたのおはぎセット（600円）。⑤併設の小さなマルシェ。

はぎを思い出しました」。地域の朝市でも評判が良かった母のおはぎを、自分が栽培するもち玄米で作る。その発想がおはぎ専門の古民家カフェに結びついた。

メニューはおはぎとドリンクのみ。おはぎの特徴は、自家製のもち玄米を使うところ。しかも、もち玄米は一粒一粒選定して、質の良いものだけを使うというから驚きだ。大変な作業だが、このこだわりが他にない独特な食感を生み出すのだという。定番は、もち玄米100％の「豊穣」、宇部産のほうじ茶を白あんに練り込む「焙香」、萩の夏みかんピールを使った「夏柑」など7種で、地元の食材を取り入れた珍しいものがほとんどだ。それに加えて、中にいちごの入った「いちご」、さくらの塩漬けが使われている「夜ざくら」などの季節のおはぎも登場するため、一度の訪問ですべてを味わうのは至難の技。春夏秋冬、それぞれの季節にぜひ訪れてみてほしい。

隣接する納屋はフリースペース「かまたのNaya」として開放され、地域の人々の交流の場になっている。心がほっこり温まる古民家カフェがここにある。

繊細な加工が美しい欄間や本格的な書院造りは一見の価値あり。日本建築の素晴らしさが実感できる。

住 所　山口県宇部市中村1-6-50
電 話　0836-32-1824
時 間　11:00〜17:00(カフェLO16:30)
休 日　月〜水曜、第2・4・5日曜

HP

隣接する「かまたのNaya」には「うべまちかどブックコーナー」も設置。奥の小さなマルシェでは地域の人々のアート作品や農産物を販売。おはぎはテークアウトでき、こちらでも受け付けている。

Photo:Risa Kashitani　text:Kaori Fujii

19 Yamaguchi Sanyoonoda-shi
山口｜山陽小野田市｜カフェ

UCHI CAFE 灯

うちかふぇ あかり

空間と料理に癒やされる
母娘が営む隠れ家的カフェ

Yamaguchi Old House Cafe and Restaurant

閑静な住宅街で、築70年近い日本家屋の一部を改装したカフェを営むのは、竹内あかりさんと、料理家でもある母の典子さん。祖父母が建てた家を、家族みんなで1年近くかけてリノベーションし、2014年の夏にオープンした。「カフェという空間が好きなのと、一番美味しいと思っている母の料理をもっとたくさんの人に食べてもらいたかったんです」と、10年以上カフェを開くのが夢だったというあかりさんの名前にちなんで、店名は『UCHI CAFE　灯（あかり）』に。一方、典子さんは生徒を100人抱える料理教室の現役の先生であり、料理のプロとしては40年を超えるベテラン。「白とダークブラウンを基調にした空間は、娘好みの和モダン。料理はまだまだ任せられないけれど、サービスは娘がいないと私じゃ全くダメ（笑）」と、にこやかに話す。この母娘二人の雰囲気が穏やかで柔らかく、何とも心地良い。長居する客が多いというのも納得できる。オープンから6年、熱狂的なファンも多く、中には仲間内で「灯会」なるものを結成し、定期的に訪れている客もいるそうだ。

　人気メニューは、約20種の和洋折衷料理が登場する灯ランチ（1500円）。料理教室で生徒さんに好評だった品を出すことが多く、素材は教室で使うような手頃なものが中心。

真っ白な壁とダークブラウンの梁が印象的な店内。すっきりとシンプルなインテリアで空間を演出し、どの席も十分な広さを確保している。

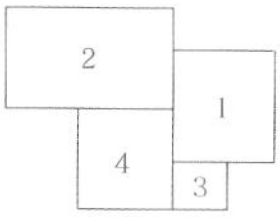

①自家製チーズケーキ(400円)とオリジナルブレンド(450円)。②天気の良い日はテラス席がおすすめ。③看板には4つの窓と灯を表現したロゴマークが。④天井板はあえて抜き、開放感を演出している。

できるだけ地元の旬の野菜を使った、安心安全で体にも心にも優しい料理を提供する。「高級なものや特別なものを使えば美味しくなるのは当たり前。工夫次第でいくらでも美味しくなるから料理は飽きません」と典子さん。こんなお母さんの作る料理で育ったあかりさんが羨ましい限りだ。

　コーヒーを担当するあかりさんは、「天候や温度、湿度、煎り時間、豆の種類……と焙煎は本当に奥深いです。結果、私好みの味になっていますけど」と、豆選びから焙煎に至るまですべて手がける。豆およびドリップバッグの販売もしているので、ギフトや自分用に購入する人も少なくないという。ほかにも、夏は手作りのアイスクリームを使ったクリームぜんざい(550円)、秋冬は粒を崩さないようにコトコトと煮た大納言あずきを使ったぜんざい(500円)など、季節限定メニューもチェックしておきたい。

　ここはまさに「娘と母が二人三脚で営む癒やしのカフェ」。穏やかな空間で時間が許す限りゆったりと過ごし、料理も雰囲気も余すことなく味わいたい。

地物の旬の野菜をふんだんに使った灯ランチは、ご飯、味噌汁、サラダ、コーヒー付き。ランチを注文すれば本日のデザート(350円)が50円引きに。

住所　山口県山陽小野田市須恵2-1-31
電話　0836-84-8444
時間　11:30〜16:00
休日　日·月曜、不定休

灯ランチの料理がほぼ詰め込まれるテークアウトランチ(1500円)はコーヒーのドリップバッグ付き。前日15時までの要予約で一人分から注文できる。

Photo:Risa Kashitani　text:Kaori Fujii

20 Yamaguchi Hagi-shi
山口｜下関市｜甘味処

茶屋祥《ちゃやしょう》

長府の名士・桂弥一の旧宅
歴史と文化と食事を楽しむ

至る所に飾られた歴史的価値の高い工芸品や著名人たちの掛け軸は必見。山縣有朋や田中義一が座った椅子がそのまま残されており、その椅子で食事することもできる。

江戸末期に長府藩の藩士であった桂助左衛門の子・桂弥一の旧宅で、明治23年に建てられた築100年を超える広大なお屋敷の中で営まれる『茶屋　祥』。第3、9代内閣総理大臣・山縣有朋や第26代内閣総理大臣・田中義一、陸軍大将・乃木希典など、桂弥一を慕う著名人が数多く訪れた歴史ある場所であるとともに、書や器、工芸品など、当時を忍ばせる貴重な品々を間近に見ることができるため、見学を目的に足を運ぶ客も多い。

店を切り盛りするのは、この旧宅を引き継いだ波田家に、縁あって嫁いだという波田久代さん。和裁の先生でもあり、屋敷の一角では和裁教室や着付けも行っている。茶屋を始めたきっかけは、和裁教室や屋敷の見学に訪れる客からのリクエストだった。以前、新下関駅付近で喫茶店を営んでいたこともあり、自然な流れで料理を提供する今のスタイルにたどり着いたのだという。「一部を改装してカウンターでコーヒーを出すようになったら、食事も出してほしいと言われて。いつの間にか和裁より食事がメーンになっていました」と笑う。

人気のメニューは、季節の素材を使った小鉢9品に、鍋料理や天ぷら、サラダなどが並ぶ1日30食限定の豪華な御膳（1300円）。食後にはコーヒーとデザートが付いている、名前の

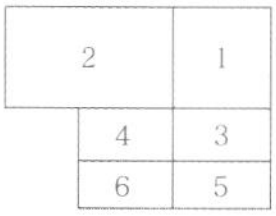

①ケーキセット(650円)。②旧宅を活かした店内。③コーヒーを注ぐカウンター。④福澤諭吉の「馬鹿不平多」を表した玄関。⑤敷地内のイギリス陶芸園。⑥着物のレンタルは着付け込みで1日2000円。

とおり豪華でボリュームたっぷりのメニューだ。料理はすべて手作りで、使用する野菜は自家菜園で育てたものが中心。安心安全な食事がリーズナブルに味わえるとあれば、食事の需要が高まったというのも頷ける。さらに、鍋料理は湯豆腐や、寒い季節には鍋焼きうどんやすき焼きに変わるといった、粋な心遣いもうれしい。また、春の御膳には金運を上げる食べ物とされる生卵が付き「金運アップの黄身ごはん」として名物に。生卵が苦手な場合は焼いてもらえるので、安心して注文できる。

　敷地内にはたくさんの雛人形が並ぶ蔵や、蔵をリノベーションしたアロマ教室「HaRuno」、イギリス人陶芸家スティーブさんの「イギリス陶芸園」もある。「最近は昔からの古い建物を解かれる家が多いんです。長府に伝統的な日本建築を残すためにも、再利用してもらうことにしました」と波田さん。店が混んでいないときは屋敷内を案内してもらえるので、歴史や文化に興味のある方はぜひ声をかけてみてほしい。長府を愛し、歴史を愛する店主に守られて、この旧宅と『茶屋　祥』はこの街に生き続ける。

二つのお膳で登場する豪華な御膳は予約がおすすめ。小鉢9品と鍋料理、卵かけご飯などが並ぶ。予算や食材に希望があれば予約時に相談を。

住所　山口県下関市長府川端2-1-6
電話　083-245-0080
時間　10:00～15:00（予約時は17:00まで可）
休日　月曜（祝日の場合は営業）

店の奥手にある雛人形が並ぶ蔵は、「海外からの観光客がいつ来ても雛人形を見られるように」との波田さんの心遣いからできた空間。

Photo:Risa Kashitani　text:Kaori Fujii

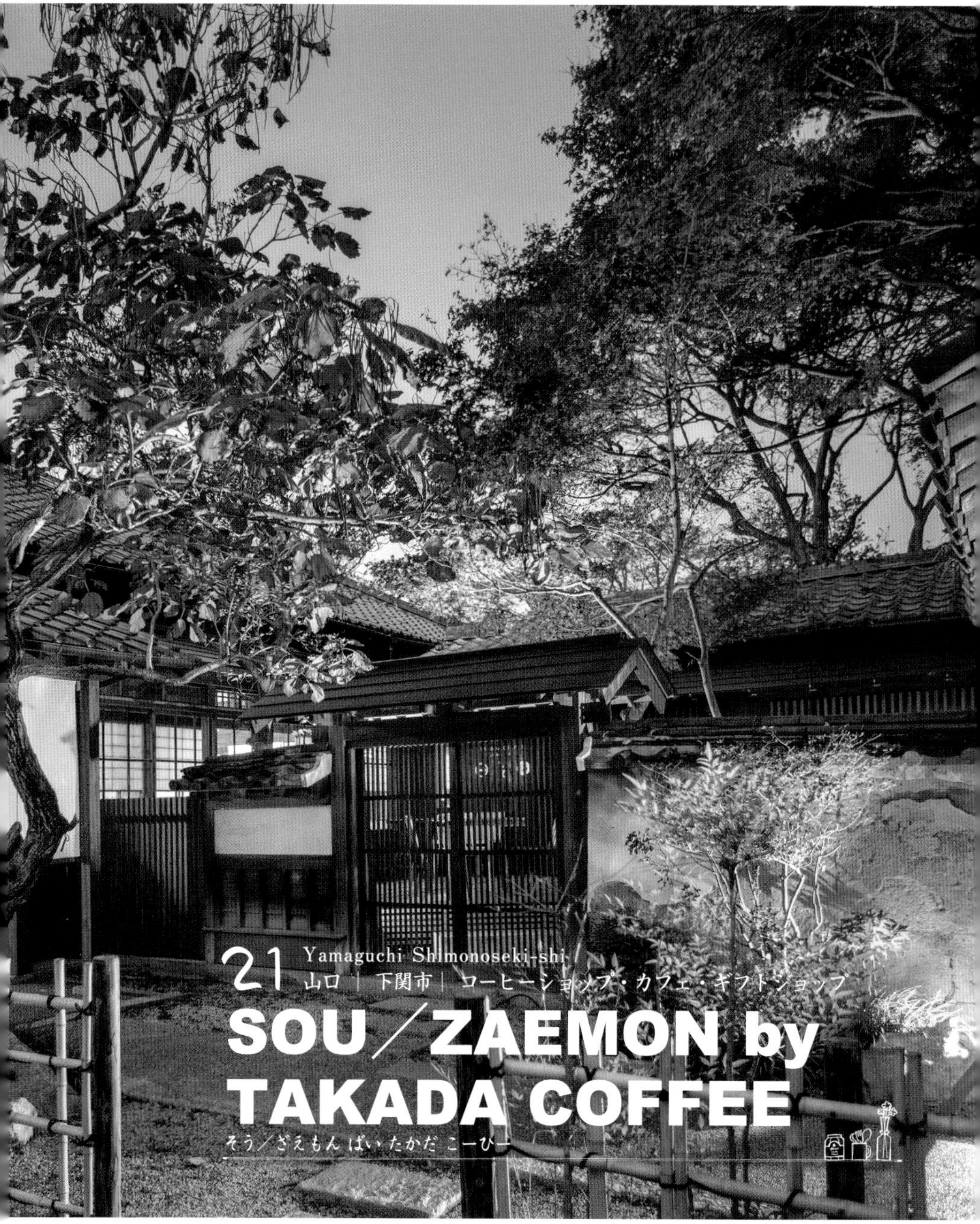

21 Yamaguchi Shimonoseki-shi
山口｜下関市｜コーヒーショップ・カフェ・ギフトショップ

SOU／ZAEMON by TAKADA COFFEE

そう／ざえもん ばい たかだ こーひー

武家屋敷の構造をできる限りそのまま活かしたカフェ。ギフト&スイートショップを併設しており、大人気のチーズケーキもテークアウトできる。

日本建築の職人らの手により再生された武家屋敷カフェ

築130年以上、江戸時代から残る毛利家の補佐役福原家の武家屋敷を継承し、日本建築に携わるさまざまな職人たちとともに再生したカフェ。営むのは下関市で初めての自家焙煎珈琲専門店を開業した、1987年創業のTAKADA COFFEEだ。「新たな価値が生まれる場所を創造していますが、代々受け継がれてきたものを守り続けるのも私たちの使命です」と店主の東竜さん。日本の伝統を後世に伝えるため、使えるものはすべて再利用し、一本も欠けることなく残っていた千本格子欄間や太く堂々と渡る梁、蔵に収められていた調度品など、店内のあちこちに古き良きものが姿を留めている。また、それらに負けない存在感を放つ大胆な絵柄の襖や、さりげなく置かれた若手作家による小物作品も魅力的だ。歴史あるものと現代のものが入り混じる調和のとれた居心地の良い空間は、まさにコンセプトに掲げた「ホッとする癒しの空間」そのもの。地元客だけでなく、遠方から足を運ぶ客が多いというのも納得だ。

ドリンクのおすすめは、旬のものにこだわり、常時10種をそろえるスペシャルティコーヒー。世界各国にある産地に出向き、豆そのものの品質だけでなく、生産者の顔や生産される環境を見て納得いくものだけを買い付けている。

①下関にゆかりのある和紙職人が絵付けした襖が印象的。②濃厚で滑らかな口当たりの珈琲屋のチーズケーキ。コーヒーは715円～。③④併設するギフト&スイーツショップ。珈琲専門の商品を販売している。

また、豆本来の美味しさを存分に味わってもらうため、店ではコーヒーのオイルをしっかり抽出できるフレンチプレスで提供。約2杯抽出することができるので、温度による味わいの違いが楽しめる。

　スイーツの人気は、東さんがスペインの三つ星シェフからレシピを学んだ、珈琲屋のチーズケーキ（770円）。たまごソムリエが生産した菓子専用の卵を使用し、濃厚なのにくどくなく、軟らかく溶けるようなふわとろの独特な食感が特徴だ。また、東さんがイギリス滞在時に現地の人から教わったというイングリッシュマドレーヌをアレンジした、珈琲屋のモンブラン（880円～）も大好評。サツマイモのシルクスイート品種を使った手作りで、店頭に並ぶのはオリジナル、抹茶、ショコラ、季節のモンブランの常時4種。味はもちろん、華やかな見た目も評判の一品だ。

　この武家屋敷に再び人が集うようになり、今後は、長府の価値の再発見や新発見を目指して、着物や落語などのイベント開催も予定している。この先きっと、歴史をつなぎ、今を紡ぐ、かけがえのない場所になるに違いない。

暖かい陽光が降り注ぐテラス席。新緑が美しい春と、紅葉に彩られる秋は特等席に。

住所　山口県下関市長府侍町1-2-39
電話　083-242-0950
時間　10:00〜17:00
休日　水曜

フルーティーで華やかな味わいのチョコレートを生地に練り込んだ珈琲屋のショコラモンブラン（880円）。

Photo:Risa Kashitani　text:Kaori Fujii

22 Yamaguchi Shimonoseki-shi

山口 ｜ 下関市 ｜ カフェ

BAGDAD CAFE《ばぐだっど かふぇ》

自分たちの手で大改造
懐かしさ漂う木造校舎カフェ

『BAGDAD CAFE』が下関市上田中町の現在の場所に移転したのは、2009年のこと。店主の中嶋孝子さんが移転先を探していたとき、かつて材木店の豪邸だったこの建物に出合った。当時は誰も住んでおらず、近所の子どもたちからは「お化け屋敷」と呼ばれていたそうだ。大工さん一人と店のスタッフ、仲間たちで大改造し、骨組みだけを残す解体作業だけで約1カ月、その後4カ月をかけて完成。「素人仕事の粗さもありますが、愛着はかなりのものです」と思いを語る。同市内の赤間神宮並びに移転前の店をオープンしたときに付けた名前の通り、映画「バグダッド・カフェ」のようなゆるい雰囲気を残しながら、壁に漆喰を塗ったり梁をむき出しにしたり、古い木造校舎を思わせる「オールドスクールチック」なスタイルに生まれ変わった。今はすっかりこの場所になじみ、リピーターだけでなく、北九州・福岡などの遠方からも多くの人が足を運んでいる。

中嶋さんは「カフェ＝空間を楽しむ場所」と考え、訪れる人がほっとできるような空間づくりを目指しているそうだ。テーブル席、ソファ席、カウンター席のほか、図書室をイメージした「Lesesaal（リーゼザール）」、宮大工が造った茶室を改装した入り口近くの

元の骨組みをそのまま活かしてリノベーション。仕切りはすべて取り払い、大空間に。古い木造校舎を思わせる懐かしい雰囲気と柔らかく差し込む光が、心をほっと落ち着かせるてくれる。

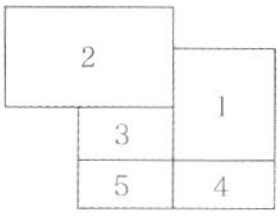

①ケーキセット（880円）。写真はブルーベリーとホワイトチョコのチーズケーキ。②ソーセージのパスタグラタンセット（1100円）。フォカッチャとサラダ付き。③2階につながる階段もお洒落。④中地下にある「Lesesaal」。⑤2階のショップ「clay」。

「ギャラリーWunderbar（ぶんだばぁ）」などがあるのも、空間を楽しんでもらうための計らい。リーゼザールは持参した本や店の本を読んでゆっくりと過ごすことができる、地下にある隠れ家のような空間で、一人で静かに過ごしたい人におすすめだ。

　料理はスイーツ、パンに至るまで手作りで、手間をかけているのが味と見た目から伝わってくる。単品からセットまで、一人でもグループでも楽しめるラインアップも魅力だ。店の真ん中のパンコーナーには毎日20〜30種の焼きたてパンが並ぶ。おすすめを聞いたところ「もっちり食パンは絶品です」とのこと。ファンも多く、すぐに売り切れることもあるので、購入するなら早い時間に訪れたい。

　そして毎週水曜の夜は「音time（おんたいむ）」。音楽仲間たちが、週替わりでカフェ音楽を生演奏している。そのほか2階には選りすぐりの家具・雑貨を扱うインテリアショップ「clay」も。店のコンセプトである「空間・音楽・ものづくり・再生」が散りばめられ、空間づくりのヒントにも出合えるこの場所で、思い思いの時間を過ごしてほしい。

漆喰の白と柱や梁の茶色をメーンに構成。何本もの梁が渡る高い天井から屈強な構造がうかがえる。入口を入ってすぐの棚には下関市や山口県を紹介するパンフレットが並ぶ。

住 所　山口県下関市上田中町2-17-25
電 話　083-223-5361
時 間　11:00〜23:00(LO22:30)
休 日　木曜(祝日の場合は営業)

HP

焼きたてが並ぶパンコーナー。手作りのパーテーションにも温もりが感じられる。

Photo:Risa Kashitani　text:Kaori Fujii

23 Yamaguchi Mine-shi
山口 | 美祢市 | ゲストハウス&カフェ

古民家ゲストハウスひまわり ひまわりカフェ

こみんかげすとはうすひまわり ひまわりかふぇ

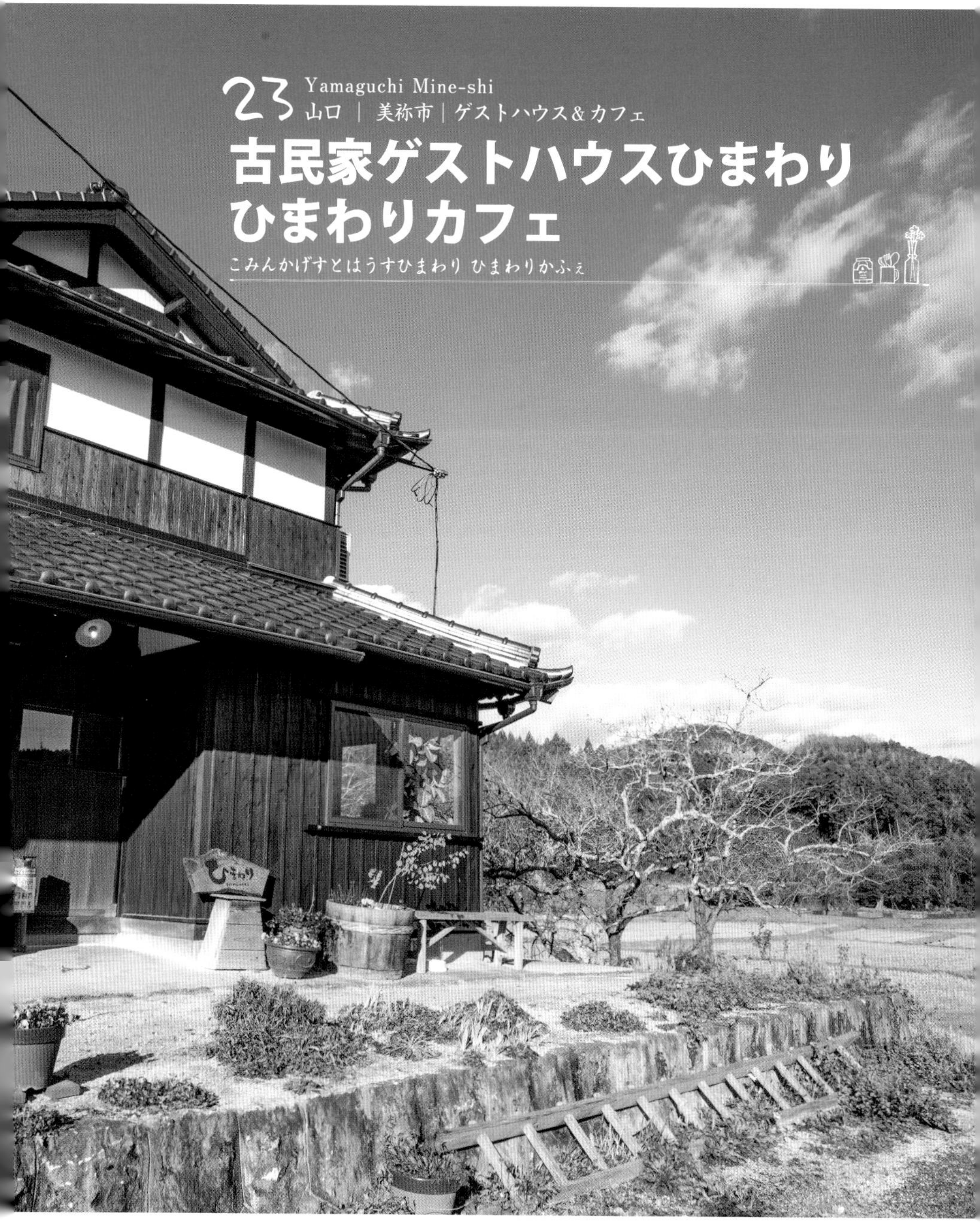

4種の絶品こだわりワッフル
時間を忘れるふれあい空間

美祢市郊外の集落に立地する『古民家ゲストハウスひまわり』は、築60年の古民家の納屋をリノベーション。1階のフリースペースを利用してカフェをオープンした。地元のお客のみならず、市外からのお客も居合わせれば自然と和気あいあいとした空気に。評判の焼きたてワッフルを味わいながらの、アットホームなくつろぎ空間でのひとときを楽しみに、リピーターが増え続けている。店から遠くに望む里山の麓まで、見渡す限りの田んぼが広がる光景もまた魅力。水が張られた田植えの頃には大地に青空を映し、実りの秋に一帯が黄金色に染まる様子は圧巻のひとことだ。

注文が入ってから焼かれる看板メニューのワッフル（300円）は、しっとり食感の「ベルギー」、サクサクの「アメリカン」、グルテンフリーの「米粉」、食べ応えしっかりの「おもち」の4種。お好みで、チョコチップなどの生地への練り込み（一品100円、おもちは除く）と、焼き上がりにアイスクリームなどのトッピング（一品50～300円）の2段階でチョイスできる。ココア、緑茶、シナモン、メープル、くるみ、自家製ブルーベリージャム、自家製アイスクリームなど、それぞれにおよそ10種が用意されており、運が良ければ、スイートポテト、栗の甘露煮、トウモロコシなど、季節限定の練り込みや

店先に置かれているのは唐箕（とうみ）と呼ばれるレトロな農機具。店舗横には田んぼが広がり、訪れる度に季節の変化が楽しめる。

①ワッフルをお箸でいただくのがユニーク。おもちにメープルシロップとクルミをトッピング。②カフェに飾られた絵は店のシンボル。③自家製アイスも絶品でどのワッフルとも相性抜群。

トッピング具材に出合えるのもうれしい。一番人気は、チョコチップを練り込んだアメリカンワッフルのアイスクリーム乗せ。生地そのものや、きび糖を使った自家製アイスは甘さ控えめながら風味はしっかりとしていて、まさに口福といえる美味しさにその人気にも納得だ。そして、ヴィーガン対応でもあるおもちワッフルも侮れない。厳選したもち米を炊き、こねた生地を型に挟んで焼き上げるその味わいは、懐かしさと新鮮さが同居している。トッピング具材「すべて」との相性の良さも〝餅〟ならでは。自家製のココアミルクやブルーベリーミルクなど、ドリンクメニューも一緒に楽しみたい。

　なお、食材については、可能な限り無農薬、無添加、地産地消にこだわり、メニューと一緒に生産者も明示されている。トッピングやドリンクメニューのジュースで使われるバナナは、光市で無農薬栽培されている県産品だ。今後は、卵などを使った惣菜系のワッフルの提供も計画が進んでいるとのこと。生地を選んだり、トッピングに悩んだり、メニューのチョイスがよりいっそう楽しくなりそうだ。

窓越しに見る田園と里山の風景は、まさに一幅の絵のよう。小さな空間ゆえにお客同士のコミュニケーションが盛り上がる。

住所　山口県美祢市大嶺町東分906-1
電話　080-8235-2777
時間　金曜16:00～19:30、
土・日曜14:00～18:30（季節によって変更あり）
休日　月～木曜（2・6月は全休）

HP

旅が大好きというオーナー・矢田部沙季さん。「旅人を応援したい」という思いが高じてゲストハウスをオープン。

Photo:Taichiro Kaneyuki　text:Taichiro Kaneyuki

世界文化遺産にも登録されている城下町・萩の街並みは、
幕末当時の面影が随所に残り、
維新志士ゆかりの史跡も数多く点在する。
街を歩けばさながら時間旅行の気分。
かつては町屋や武家屋敷というカフェで時を過ごせば、
より情緒を堪能できることだろう。
萩市北部から阿武町、長門市にかけての沿岸は
北長門海岸国定公園に指定され、絶景が連続する。
ひなびた小さな漁港の路地裏であえて迷うのもまた楽しい。
再開発で生まれ変わった湯本温泉では温泉街の散策がさらに魅力的に。
新発見・再発見の連続だ。

北部エリア

24 Yamaguchi Abu-gun
山口｜阿武郡｜キッズカフェ

3RD PLACE CAFE N

さーど ぷれいす かふぇ えぬ

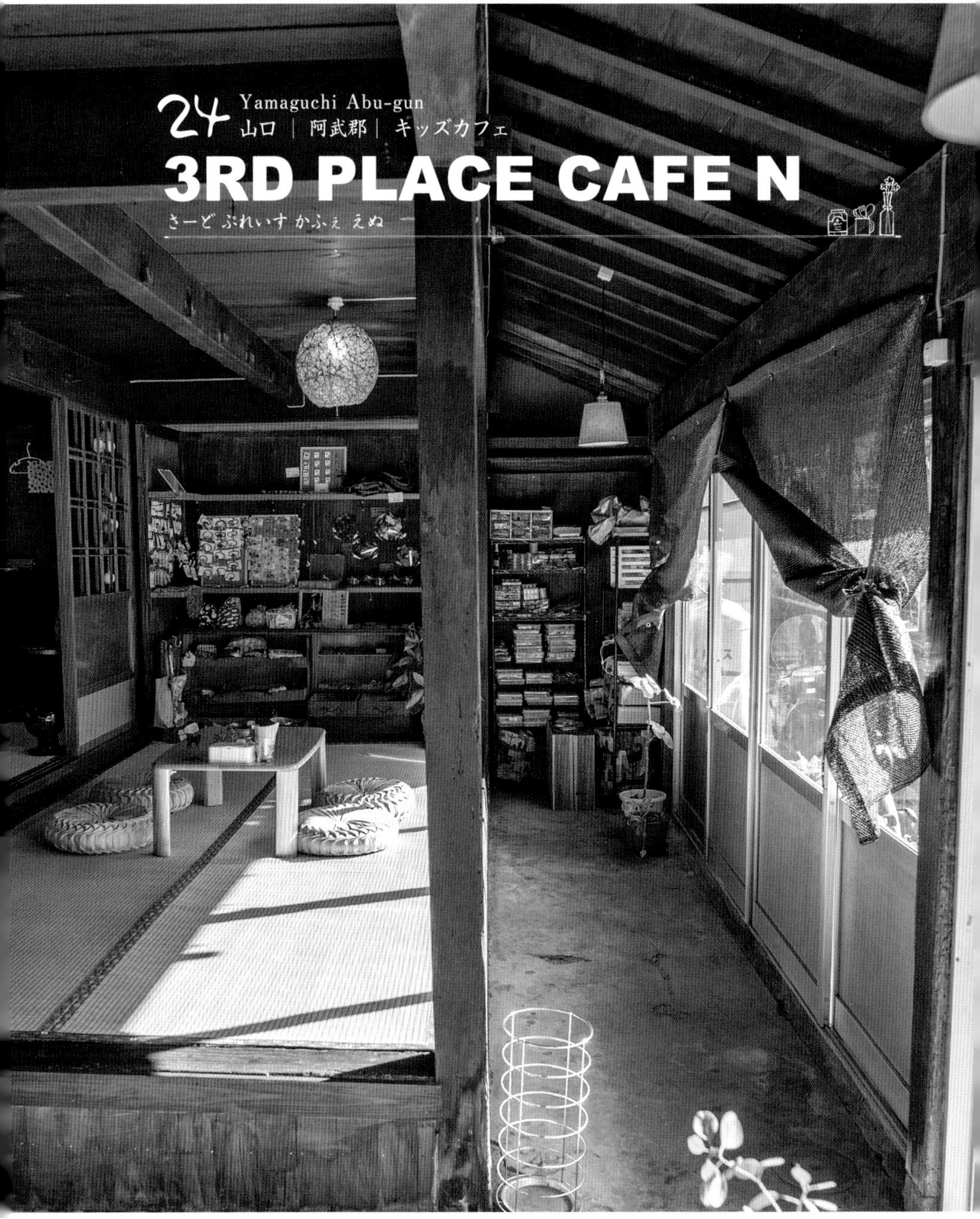

子どもと一緒にゆったり食事
地域に愛される港町のカフェ

阿武町奈古は日本海に面する漁港町。昔ながらの古い町並みには、大小の路地が迷路のように張りめぐらされており、町なかの奥まった場所にある店へのアクセスは徒歩のみ。せり出す家々の軒下をくぐり抜けたり、壁と壁のわずかな隙間を通り抜けたり、その途上は探検気分が盛り上がる。

路地の中のぽっかりと開けた空間に佇む建物は、かつて「岡甚（おかじん）」と呼ばれた駄菓子屋で、昔から人々が自然と集う町のサロンのような場所だったという。2020年7月にカフェとしてオープンしてからも「岡甚」の系譜を受け継ぐかのように、店へは入れ替わり立ち替わり地元の人がにぎやかに顔を出す。「サードプレイス」という店名に込められた「訪れる人にとって第三の居場所に」との思いが形になっているようだ。また、古民家の造りを生かした広いお座敷がメーンの店内は、小さな子どもが遊んだり寝転がったりできるように、絵本や遊具も用意されている。親子が気兼ねなく外食を楽しめる貴重なスポットとしても好評だ。

食事はイタリアンなど洋食が中心だが、ジャンルに対するこだわりはなく、パスタとごはんものの2種（800円〜）を提供する。それぞれのメニューは2週替わりで、「今週はパスタが

アクセサリーや生活雑貨、木工作品など、手作り作品も販売されており、作家を招いてワークショップを開くこともある。

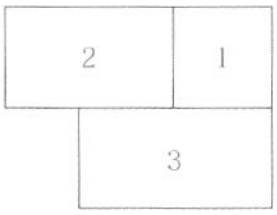

①秋の限定でお目にかかれる福賀りんごのタルトタタン。②店の奥には幼児向けのおもちゃがたくさん。③和室の他にテーブル席の個室があり、2階にはギャラリースペースも。

替わり、次週にごはんものが替わる」というサイクル。パスタは同じ食材や似たソースが続かないように、また、ごはんものも丼、カレー、オムライス、タコライスなどと、いずれもバリエーションは豊かだ。食材は山口県内産や旬のものを優先して取り入れ、お米は県内有数の農業生産地でもある同町福賀産のコシヒカリ、野菜は主に近隣の二つの農園で栽培する鮮度抜群のものが使われている。

　一方、スイーツ（400円）もティラミスやガトーショコラといった定番ものに加え、夏は梨、秋はリンゴ、冬はキウイやミカンなど、地元産のフルーツを使ったケーキやタルトがお目見えする。訪れたら、まず店内に掲示された「今日のスイーツ」を要チェックだ。さらに、フルーツはシロップにも漬け込まれ、紅茶やジュースなど、季節のドリンクとしても提供している。せっかくならケーキセット（700円〜）で堪能しておきたい。

　店から徒歩5分の場所には、人気の「道の駅阿武町」が立地。少しだけ足を延ばして、港町散策と懐かしさ漂うこの空間で、くつろぎのひとときを楽しんでみたい。

この日のパスタメニュー「きのこと生ハムの和風しょうがパスタ」850円。ランチタイムは+200円でドリンクを追加できる。

住所　山口県阿武郡阿武町奈古2706
電話　050-5880-0993
時間　12:00～16:00（ランチは～13:30）
休日　日曜、祝日、不定休あり

店主の能登瞳さんとのおしゃべりを楽しみに訪れる人も多い。土間のテーブルでは人気パン店の出張販売が行われることも。

Photo:Taichiro Kaneyuki　text:Taichiro Kaneyuki

25 Yamaguchi Nagato-shi

山口 | 長門市 | ギャラリーカフェ

cafe&pottery 音

かふぇあんどぽたりー おと

昭和を感じさせる懐かしい風情が残る温泉街の古民家をリノベーション。店のすぐ裏手には清流・音信川が流れる。

新生した温泉街の人気カフェ
萩焼でお茶とスイーツを堪能

山あいに佇む古き良き温泉地の風情と、立ち寄り湯「恩湯（おんとう）」など、再開発によって生まれ変わったモダンな造形が美しく融合する長門湯本温泉。文句なしの泉質を有する出で湯と、季節ごとに情緒豊かな姿を見せる音信（おとずれ）川沿いのそぞろ歩きを楽しみに、山口県内外から多くの観光客が足を運ぶ。音信川を背にする人気のスポット『cafe&pottery 音』は、地元で「置き座」と呼ばれている川の上にせり出したテラス席も完備。川辺で過ごすのとは一味違う、川の上を通り抜ける風を感じながら温泉街を一望することができる。また、店名が示す通り、長門湯本でおよそ370年の歴史を刻む萩焼深川窯のサテライトショップでもあり、気鋭の3作家、坂倉善右衛門・坂倉正紘・田原崇雄による作品が並ぶ。カフェメニューはその器で提供されており、実際に手に取って、作家それぞれの作風と萩焼ならではの質感を確かめることができる。

スイーツは、看板メニューのゴルゴンゾーラのチーズケーキ（500円）が侮れない。イタリア産ゴルゴンゾーラチーズと北海道産クリームチーズをたっぷりと使い、よつ葉バターで仕立てた濃厚な味わいに、蜂蜜がアクセントになっている。一度口にすればクセになること請け合いで、その

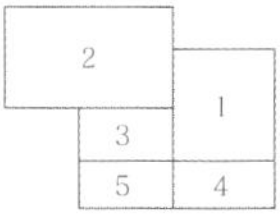

①お洒落な萩焼の器が美味を一層引き立たせる。②川に面するテラス席。③一人でも気軽に利用できる。④店の奥にも小さな展示スペースを設けている。⑤お抹茶にケーキも相性良し。

評判にも納得だ。また、シフォンケーキやタルトなど、地元産の季節のフルーツを使った、本日のケーキ（詳細は店内に掲示）もチェックしておきたい。

そして、コーヒー（550円）もまた店の自慢。「音信ブレンド」と名付けられた豆は、力強い味わいのインドネシア産「マンデリンSGタワール」と、フルーティーな甘みを持つ「エルサルバドル・サンタリア・ブルボン」の2種を深煎する特注品。深川窯のある湯本三ノ瀬の地下水、あるいは名水として名高い別府弁天池の湧水を使い、丁寧にハンドドリップする。萩焼で味わうために生み出されたというだけあって、作家渾身の器でいただく一杯は格別の味わいだ。チーズケーキとの相性も抜群で、それぞれが味わいを引き立たせる口福のひとときを堪能できる。

なお、メニューに並ぶお抹茶（750円）もぜひおすすめしておきたい。茶道における萩焼の位置付けは万人が知るところだが、その中にあって深川窯の器は特に珍重されているそう。その器で作法を気にせず気軽にいただけるとなれば、見逃す手はない。

ビアグラス、平皿、コーヒーカップなど、さまざまな萩焼が展示販売されている。日々の暮らしで"普段使い"を楽しむのが萩焼の真骨頂。

住所　山口県長門市深川湯本1261-12
電話　0837-25-4004
時間　10:00〜16:00
休日　火〜木曜（祝日の場合は営業）

店長の横山和代さん。「Ainone」名義での活動も有名で、イベント出店などでの天然酵母の焼菓子とフィッシュパニーノが人気。

Photo:Taichiro Kaneyuki　text:Taichiro Kaneyuki

26 Yamaguchi Hagi-shi

山口｜萩市｜和雑貨・着物・カフェ

Kimono Style Café

きもの すたいる かふぇ

着物レンタルで人気のカフェ
オリジナル雑貨も豊富に並ぶ

世界文化遺産「萩城下町」の一角、江戸屋横町を挟んで木戸孝允旧宅の真向かいにある築130年を超える建物には、かつて長州藩の下級武士が暮らしていたという。その建物を活用している『Kimono Style Café』は、萩にあって「手軽な着物レンタル」のパイオニア的存在であり、江戸時代の風情が残る城下町で情緒に溶け込む楽しみをと、10年以上も前から発信を続けている。萩市が「きものの似合う街大賞」で初代全国グランプリ（2019年）に輝き、今や着物での城下町散策がすっかり定着した。店への注目度はいっそう増している。

同店での着物レンタル（着付け込み、3980円～、前日までに要予約）は、「手ぶら」でOK。着物は浴衣や男性用を含めておよそ200種が用意されており、帯や襦袢、草履、巾着などさまざまな和装小物がセット（足袋のみ要購入、420円～）になっている。レンタル時間は閉店時刻の18時まで。着物が映えるスポットは、店の近隣に加え萩城跡や松陰神社など市内各地に広く点在しており、着物姿での観光を存分に満喫するなら、午前の着付け予約がおすすめだ。

　夏みかんや椿の花など、萩にちなんだデザインのオリジナル雑貨も魅力の一つ。ほとんど

店の前の江戸屋横町や近隣の円政寺、菊屋横町など一帯のエリアでは街角のどこで写真を撮っても着物映えする。

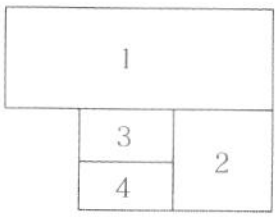

①併設の和雑貨店。雑貨はここでしか手に入らないものばかり。②タピオカアイス抹茶オレフロート（770円）はタピオカ入りでテークアウトも人気。③萩珈琲セット。この日は夏みかんデザインの萩焼で。④カフェにはゆったり個室も。

が同店でしか手に入らない限定品で、コースターや小風呂敷、手作り布マスクなど、生活雑貨や文房具が豊富にそろい、吉田松陰や高杉晋作のキャラクターが描かれたものが、特に人気が高い。萩焼もマグカップや平皿、タンブラー、置物など、注目作家のものを中心に数多く取り扱っており、充実の品ぞろえ。こちらも窯元に特注して作陶されるオリジナルの器はチェックしておきたいところだ。

観光エリア内という立地から、散策の休憩スポットとしても評判で、抹茶シフォンやチョコシフォンなどのケーキを選ぶことができる萩珈琲セット（770円）が一番人気。「萩珈琲」は萩焼で飲むことにこだわってブレンドされており、まろやかな味わいが特徴だ。そして、コーヒー以外のメニューも一部を除いてほぼ萩焼で提供され、同じ器を雑貨コーナーで販売もしている。温かみや軽さ、使いやすさを手に取って、その素晴らしさを実感してもらいたいという思いが込められており、タンブラーにフロートを注いだり、椀にゼリーを入れたり、工夫を凝らしたかわいらしい盛り付け方にもぜひ注目を。

少しでも江戸時代の雰囲気に浸れるよう、建物のリノベーションは必要最低限にとどめている。

住 所　山口県萩市呉服町2-39
電 話　0838-21-7000
時 間　10:00～18:00
休 日　木曜（祝日の場合は営業）

プロカメラマンが帯同してくれる撮影プラン（1人7980円、着物レンタル込）は、撮影場所（市内3カ所）までの移動もサポート。

Photo:Taichiro Kaneyuki　text:Taichiro Kaneyuki

24 Yamaguchi Hagi-shi
山口｜萩市｜ショップ&カフェ

晦事COTOCOTO

ことこと

萩焼やセレクト雑貨も並ぶ 城下町のくつろぎカフェ

世界文化遺産に登録されている「萩城下町」。町割りは江戸時代からほとんど変わっておらず、今でも当時の古地図を使うことができる。カフェ「晦事COTOCOTO」は城下町の商人や下級武士たちが暮らしていたエリアにあり、入居する町家は築200年を越えている。店構えもまた昔ながらの風情そのままに、城下町観光の立ち寄りスポットとしても注目を集める存在だ。さらに、周辺には「木戸孝允旧宅」や「高杉晋作生誕地」など観光スポットが目白押し。幕末の志士たちが付近を闊歩していたかと思うと、胸が熱くなってくる。

落ち着きのある店内は、日本家屋の明暗のある雰囲気を大切にと、過度な照明を置いていない。また、奥まった場所にあるカフェスペースは、多くの観光客が往来する表通りの喧噪から隔てられ、坪庭を眺めながらくつろぐことのできる空間となっている。

一番の人気メニューは、チーズたっぷりのドリア風焼きカレーセット（1100円）。カレーには大井産タマネギや萩のブランド豚「むつみ豚」など、地元食材がふんだんに使われ、10時間以上かけて丁寧に仕上げられる。スパイシーさとタマネギのふくよかな甘みの絶妙なバランスがクセになる。ファンの多い一皿だ。また、マルマレットトースト（500円）もおすすめの逸品。

落ち着いた雰囲気のカフェスペースには、座り心地にこだわった北欧製のチェアーが置かれている。優しい自然光に包まれる縁側が特等席。

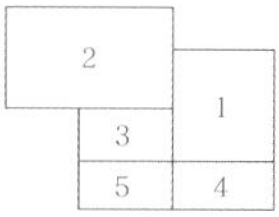

①マルマレットトーストのお供に黒糖カフェオレ（550円）をチョイス。ドリンクはテークアウト可。②ジャズが流れる店内。③人気の「大屋窯」の器。④雑貨もまた店内の趣を増幅。⑤坪庭には季節の野鳥のさえずりも。

萩特産の夏みかんをグラニュー糖のみで煮込んだ同店特製のマーマレード「マルマレット」は、無添加で控えめな甘さとさわやかな風味が好評だ。夏みかんを使ったドリンクなども一緒に楽しみたい。なお、店頭で瓶詰め（プレーンほか3種、各540円〜）も購入できるが、3〜4月に仕込まれる1年分がなくなり次第、そのシーズンの販売は終了となる。

なお、通りに面したスペースには、オーナーやスタッフがセレクトした雑貨や洋服が並ぶ。萩及び、山口県内の作家のものが中心で、中でも萩焼は「大屋窯」の器を厳選。陶器とともに磁器も手がけ、シンプルかつモダンなデザインが特徴で、県内でも若い世代を中心に愛用者が広がるなど注目を集めている窯元だ。湯飲み茶碗、平皿、小鉢など品ぞろえ豊富で、提供されるカフェメニューでも、店頭に並ぶ器と同じものが使われている。

店名の『晦事』には、「毎日の始まりをコトコト仕事を大切に」という思いが込められ、メニューや雑貨は「日常が楽しくなるヒント」とも。観光客のみならず、山口県内からのリピーターも多く訪れている。

熱々の焼きカレーは、萩名物の夏みかんジュースと自家製ピクルスがセット。かわいらしいレンコンの輪切りは見た目だけでなく、サクッと食感のアクセ

住 所　山口県萩市呉服町2-32
電 話　0838-26-7199
時 間　10:00～17:00(季節により前後)
休 日　第2·4火曜

HP

住所「呉服町」が示すとおり、同店の入居する町家もかつては呉服屋。そのイメージを現在にも伝えようと、さまざまな雑貨が並ぶ中で服も取り扱っている。

Photo:Taichiro Kaneyuki　text:Taichiro Kaneyuki

28 Yamaguchi Hagi-shi

山口｜萩市｜ギャラリー&カフェ

俥宿 天十平

くるまやど てんじゅっぺい

江戸と大正の歴史を重ねる城下町のギャラリー＆カフェ

観光客でにぎわう城下町でも閑静なエリアに立地。「天十平」には「いろんなものが溶け合って平和な地になる」という意味が込められている。

『俥宿 天十平』は、目に映るどの風景を切り取っても絵になる「萩城下町」の中でも、ひときわ木々の緑が鮮やかな一角に佇む。江戸時代に建てられた築170年を超える母屋はギャラリースペースとして、また、大正時代に増築された洋館はティールームとして使われており、古い建物が数多く残る萩の町の中でも、古民家として和と洋両方の設えを併せ持つ貴重な存在なのだという。

庭、建物すべてを含めた空間の佇まいを壊さない店づくりを、というのが店主である中原万里さんの思い。通り沿いの立派な門をくぐり、店内へは広い庭を横切って縁側の沓脱石（くつぬぎいし）から上がる。木々の梢で遊ぶ野鳥たちや緑を美しく映す洋館の窓、飛び石の上を歩きながら目に入ってくる光景に、誰もが市街地にいるということを忘れてしまうだろう。

店内に入ると縁側と四つの畳の間に、中原さんが全国のギャラリーや展示会を巡って出合った。「心に作用する」「生活に何かをもたらしてくれる」とインスピレーションを受けた作品の数々が並んでいる。陶器、アクセサリー、洋服、インテリア雑貨など、ジャンルは多彩で、その作家による個展も不定期で開催。ゆえに観光地にありながら、根強い地元のファンが多い

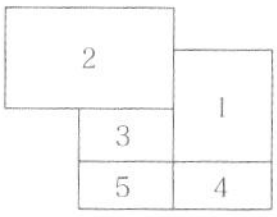

①洋館部分は応接間として増築された。②紅茶はダージリンのセカンドフラッシュなど茶葉を厳選。③ティールームはサンルーム部分が人気。④ほぼ昔の造りを残す和室。⑤素材にもこだわる生ようかん。

というのも特徴だ。

　再び縁側へと戻り、さらにその奥へと進めば和の気配は一変。古びた風情がたまらない大正ロマンあふれる洋の空間が広がる。ここでいただきたい名物は、紅茶とイギリス人直伝レシピのスコーンのセット（700円）。添えられている手作りの「夏みかんマルマレット（マーマレード）」は、夏みかんの豊かな香りとほろ苦さが、スコーンのさっくりとした食感と素朴な味わいによく合っている。また、メニューに並ぶ生ようかんは一般には出回っていないお取り寄せ品で、店主が腕に惚れ込む一流料理人の謹製。こちらは煎茶とのセット（600円）でいただく。アンティークなインテリアにも囲まれた洋館の中は、さながら時が止まった異世界のよう。時間の許す限り、プレミアムなティータイムをご堪能あれ。

　なお、「俥宿」とは、人力車の待合所のこと。同店では萩城下町の見どころを巡る人力車を運行しており、その発着地「人力車立場」もすぐ近く。歩きとは一風異なる視線での城下町の眺めが新鮮と評判で、店を訪れる前に人力車での萩散策もおすすめだ。

オープンから25年、取り扱う作家も徐々に増え続け現在は20人を超える。さらなる出会いを求めて店主のギャラリー巡りは続く。

住 所／山口県萩市南古萩町33-5
電 話／0838-26-6474
時 間／10:00～17:00（企画展期間中は18:00）
休 日／ 水･木曜

運が良ければ、神出鬼没な二匹の看板ネコに出会えるかも。庭で草花に戯れたり、部屋に上がってきたり愛嬌たっぷり。

Photo:Taichiro Kaneyuki　text:Taichiro Kaneyuki

29 Yamaguchi Hagi-shi

山口｜萩市｜日本庭園・カフェ

茶寮 花南理の庭

さりょう はななりのにわ

季節の花々が彩る由緒ある庭
武家屋敷でお茶と古美術鑑賞

城下町の町割りがほぼそのまま残る萩では、観光エリアから離れた場所であっても、随所で風情ある光景に出合うことができる。100年以上前に建てられ、長州藩士・馬屋原氏の武家屋敷だった『茶寮　花南理の庭』もその一つで、路地に沿ってまっすぐに延びる外壁と立派な門構えが印象的だ。まさに〝知る人ぞ知る〟という言葉がぴったりなカフェ。初めて訪れたならスケールの大きな〝二つの魅力〟に驚かされること請け合いだ。

　店内へは、門を入ってすぐ横のくぐり戸から庭へと進む。まず一つ目の魅力は、日本庭園。自然の山水の景色を取り入れた約200坪もの広さを誇り、早春のツバキや梅に始まって、春のツツジやシャクナゲ、夏の花ショウブやクチナシ、秋のキキョウやモミジ、さらに冬にはサザンカやセンリョウ・マンリョウの赤い実など、四季を通じてさまざまな美しさが満喫できる。メニューにある八重姫の卵セット（700円）は、かつて屋敷のすぐ近くにあった長州藩主第十代毛利斉熙の御殿から、娘の八重姫がいつも卵を持って庭に遊びに来ていたという、この庭にまつわる逸話に由来している。縁側から入るカフェルームはすべての席がガーデンビューになっており、卵をたっぷり使った上品な甘さのロールケーキをゆったり味わいながら庭を眺めていると、

店名は第11代長州藩主・毛利斉元の俳号「柳桜亭花南理」より。店主の祖先である馬屋原家は藩主直属の家臣「大組」に属していた。

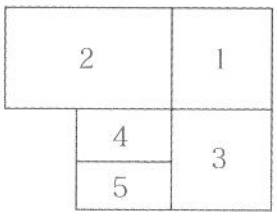

①八重姫の卵セット。夏みかんジュースも選べる。②ミニ美術館内には屏風や掛け軸など貴重なお宝が並ぶ。③美術館は白壁の蔵をリノベーション。④抹茶セット（700円）。⑤広大な敷地を囲む外壁も絵になる。

目の前で小さな姫様が遊んでいる情景が浮かんでくるようだ。

二つ目の魅力は、カフェの利用者だけが入館できるミニ美術館（入館料300円）。カフェの建物を庭園からぐるりと裏に回ると、白壁の蔵があり、毛利家から直々に拝領された古美術品や長州藩に縁のある絵師たちの絵画、萩の古地図などが多数所蔵されている。毛利輝元「和歌短冊」、「毛利元就御座備図」ほか、山水画家・雪舟の画風を受け継いだ雲谷派・雲谷等益の屏風「金山寺図」など、歴史的に価値のあるものばかり。展示物がガラスやアクリル板で遮られていないため、例えば水墨画や人物画の表情といった細かな部分を間近に鑑賞することができる。古美術に関心がない人でも、絵画の迫力や繊細さ、その背景にある歴史を垣間見ることで自然と作品に引き込まれてしまうだろう。なお、店主の馬屋原務本（まやはらかねもと）さんは、名字のとおり馬屋原氏の子孫にあたる。「萩まちじゅう博物館」のまちかど解説員でもあるので、収蔵品のほかにも萩の歴史や文化について詳しく聞くことができる。

カフェは食事の利用も可能(要予約)。近々、一日一組だけの宿泊施設として営業を開始する計画もある。

住所　山口県萩市江向333
電話　090-5704-2406
※夜間は食事の予約時のみ
休日　水曜

夏季を中心に、夜間の利用時(3名以上で要予約)には庭園を緑・青・赤に変化するカラーライトアップで演出する。池に映り込む月も美しい。

Photo:Taichiro Kaneyuki　text:Taichiro Kaneyuki

30 Yamaguchi Hagi-shi

山口｜萩市｜カフェ・コーヒー専門店

ホトリテイ（畔亭）

ほとりてい

Yamaguchi Old House Cafe and Restaurant

庭を眺めながら堪能する美味
コーヒーが導く至福の満足感

萩といえば、城下町散策や幕末志士ゆかりの史跡めぐり、萩焼の窯元探訪など、たくさんの楽しみ方が挙げられる。これらに加えて、近年新たな魅力として注目を集めているのが個性豊かなカフェめぐり。さまざまな店が点在する中で、観光客のみならず地元の人からも必ずと言っていいほど「おすすめ」として名前が挙がるのが『ホトリテイ』だ。

　萩城外堀沿いに立地する店舗は、立派な外壁と門構えが印象的。まるで由緒ある旅館のような家屋は築70年を超え、かつて萩や下関での漁業で財をなした網元の邸宅として建てられたという。玄関に入ると、一方にはお座敷、もう一方にはお洒落に設えられたコーヒーカウンターや洋室があり、席へと案内される際に目に映る見事な枯山水の日本庭園には、きっと誰もが圧倒されるだろう。

　看板メニューは長萩黒毛和牛ハンバーグプレート（1650円）。萩特産のブランド肉「長萩和牛」と「むつみ豚」を使い、それぞれの肉の良さを引き立てるため、挽き方など細かな部分にまでこだわっているそうだ。また、ソースは2種用意されており、おすすめはたっぷりの肉汁と一体となり、ふくよかな肉のうま味をいっそう際立たせた特製赤ワインソース。グリーンサラダやポテトサラダ、ミックスビーンズ&

2018年のリニューアルでカフェカウンターを新設。庭を眺めるベンチ席もあり、コーヒー1杯からでも気軽に利用できる。

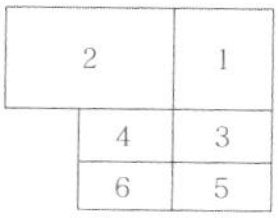

①抹茶のテリーヌはホワイトチョコがベース。②ワンプレートランチは萩焼の平皿で。③大きな灯籠が立つ立派な玄関。④ラテアートもお見逃しなく。⑤お座敷は子ども連れに人気。⑥落ち着いた雰囲気の洋室。

きのこサラダといった付け合わせ料理もひと手間を感じさせる味わいで、ハンバーグとともに味覚を存分に楽しませてくれる。

　また、ここにきて店の評判をさらに押し上げているのが、自家製スイーツとコーヒーだ。スイーツは、オレンジピールの爽やかな香りがクセになる甘夏チーズケーキ（550円）、しっとりとした口あたりと濃厚さがたまらない抹茶のテリーヌ（550円）など、いずれも「洗練」という言葉がぴったりと当てはまる逸品ばかり。これらを考案したのは、長らく東京のコーヒースタンドでバリスタを務め、2018年から実家でもある同店へと活躍の場を移した畔合（くろごう）守さん。こだわりのスペシャリティコーヒーは、特製のスイーツたちと唯一無二の相性で、ランチの後にいただく一杯が、満足感をさらなる至福の領域へと導いてくれる。

　なお、スイーツ専門のテークアウトスペースを店頭に増築する構想が進んでいるそう。萩散策の新名所となること請け合いで、期待に胸がふくらむばかりだ。贈って喜ばれ、もらってうれしい手土産としても活躍してくれるだろう。

店内の部屋はすべてガーデンビュー。木々や石など、角度による見え方の違いも日本庭園の楽しみ方の一つ。

住所　山口県萩市南片河町62
電話　0838-22-1755
時間　11:00～16:30(LO16:00)
休日　不定休

お店を利用すれば庭の散策もOK。季節の花々に加え、新緑、紅葉、雪化粧(超レア!)と訪れるたび異なる光景に出合える。

Photo:Taichiro Kaneyuki　text:Taichiro Kaneyuki

30軒の古民家カフェ＆レストラン

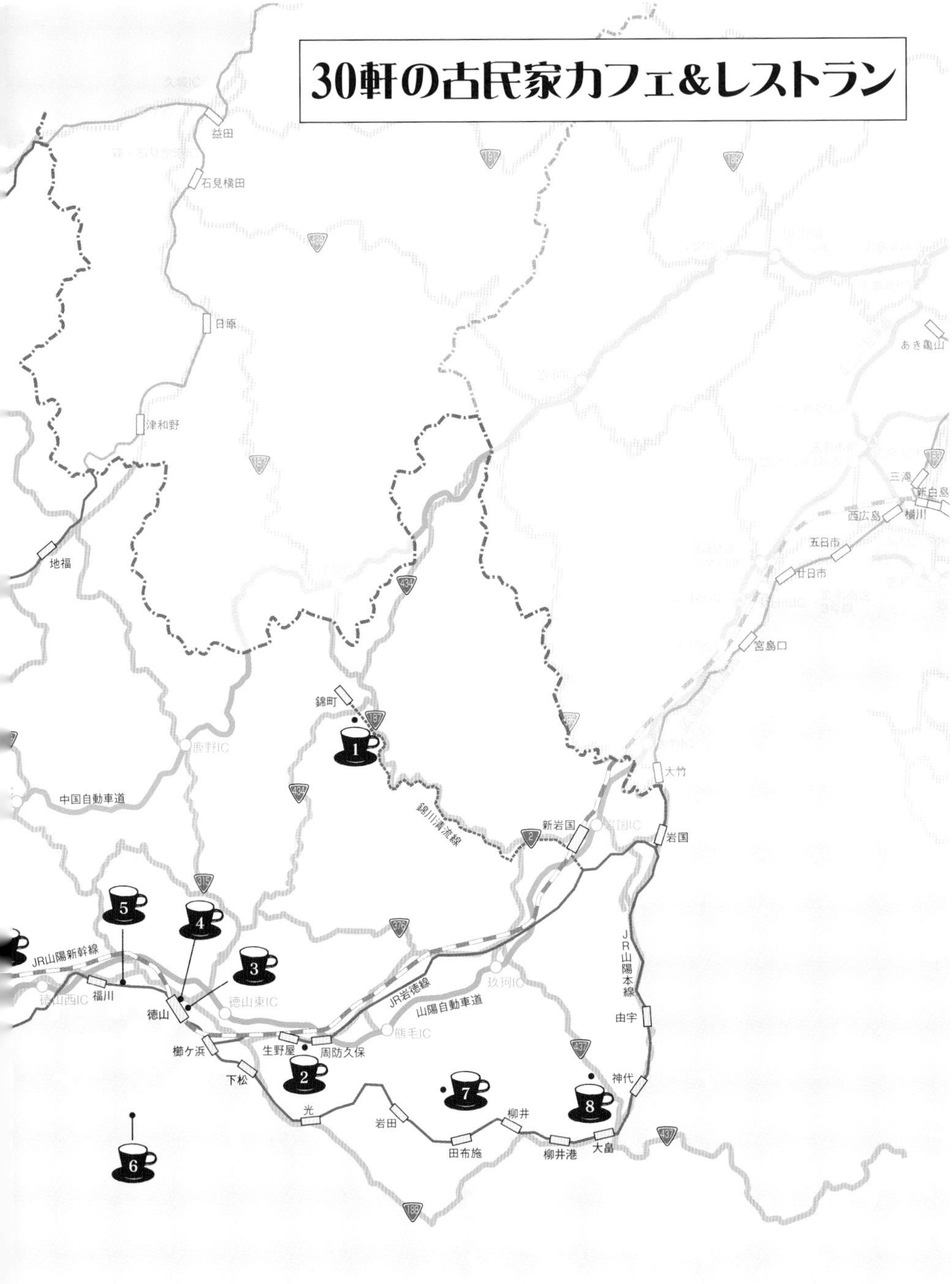

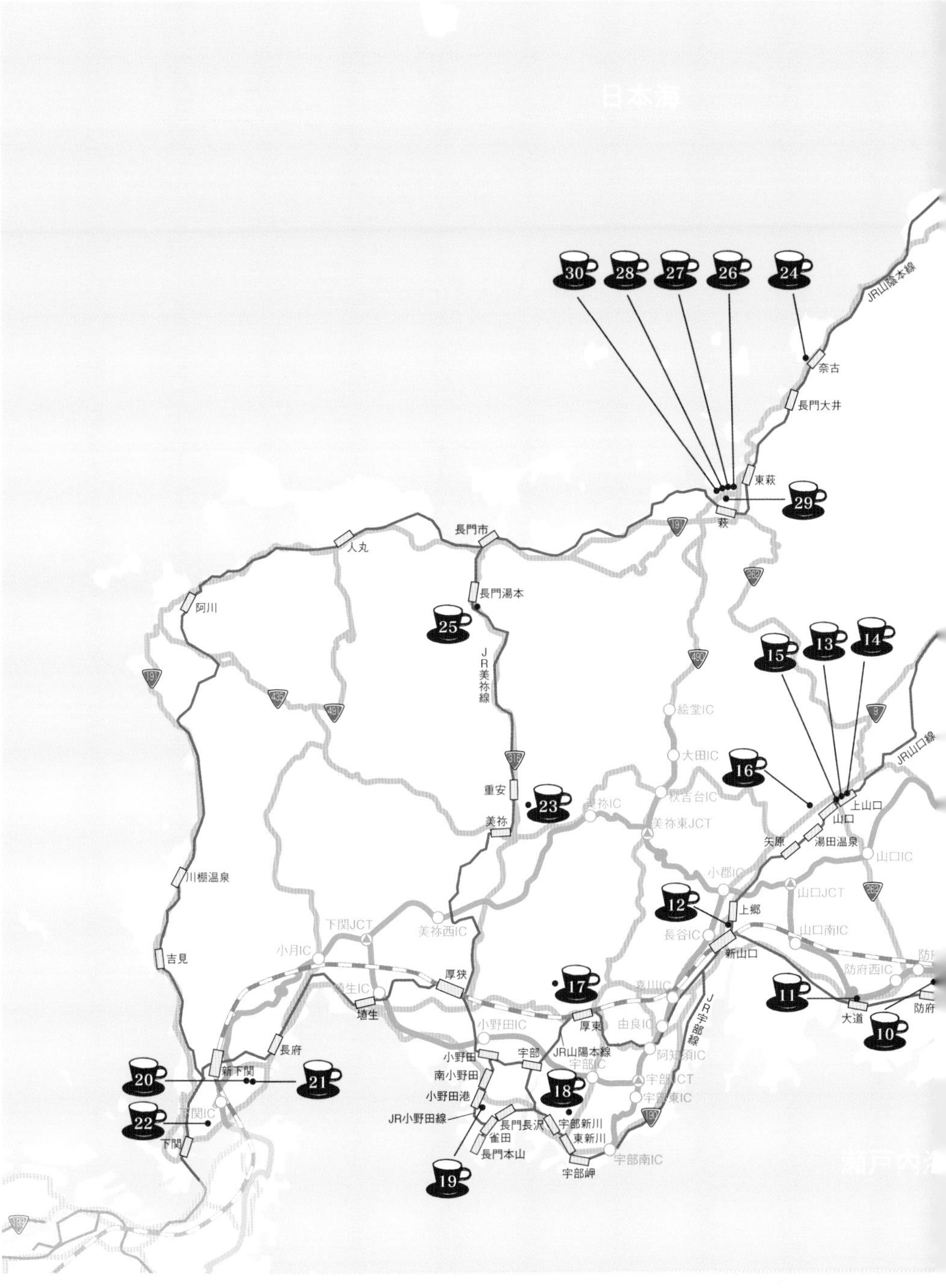

新幹線　JR線　他社線　高速道路・有料道路（無料区間を含む）　国道

東部エリア

岩国・下松・周南
光・柳井

6 ホーランエー食堂

住 山口県周南市粭島中小路180
☎0834-84-0001

P32

3 caca

住 山口県周南市三番町2-10
☎0834-34-6313

P20

7 森の・ぞうすいやさん

住 山口県光市塩田2085-1
☎0820-50-4130

P36

4 小さなカフェ 百日紅

住 山口県周南市都町3-10
☎090-6834-1802

P24

1 つみ菜カフェ うどんげ

住 山口県岩国市錦町広瀬670
☎0827-72-3494

P12

8 ItonamiCafe

住 山口県柳井市日積3060
☎0820-28-0067

P40

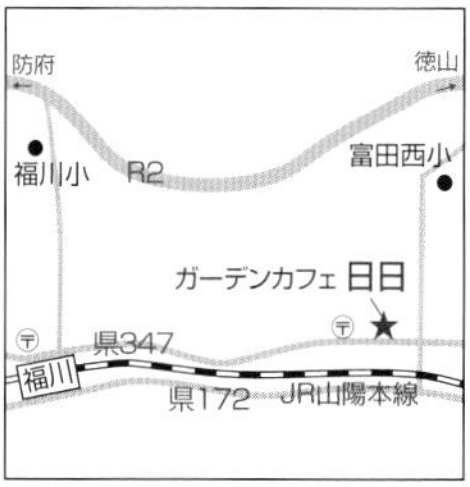

5 ガーデンカフェ 日日

住 山口県周南市富田1-3-18
☎0834-63-8738

P28

2 ぎゃらりー 野草の庭

住 山口県下松市河内741
☎090-5696-4960

P16

中部 エリア

防府・山口

9 空間茶天

㊟ 山口県防府市上天神町6-17
☎0835-22-0073

P46

10 Gallery & Cafe 那加屋 花冠

㊟ 山口県防府市宮市町10-36
☎0835-28-8538

P50

11 エディブルフラワーカフェ れんげハウス

㊟ 山口県防府市台道3601-2
☎0835-32-0008

P54

12 創作欧風料理レストラン アンシャンテ

㊟ 山口県山口市小郡下郷134
☎083-973-5339

P58

13 イタリア食堂 ベケ!?

㊟ 山口県山口市野田2
☎083-996-5230

P62

14 TSUKINOWA·& cafe

㊟ 山口県山口市大殿大路134-1
☎080-3965-4402

P66

15 遊恭茶房おかだ

㊟ 山口県山口市下竪小路17
☎083-922-3182

P70

16 Rubino café

㊟ 山口県山口市滝町5-2
☎083-976-4777

P74

22 BAGDAD CAFE

㊟山口県下関市上田中町2-17-25
☎083-223-5361

P100

19 UCHI CAFE 灯

㊟山口県山陽小野田市須恵2-1-31
☎0836-84-8444

P88

西部 エリア

宇部・山陽小野田
下関・美祢

23 古民家ゲストハウスひまわり ひまわりカフェ

㊟山口県美祢市大嶺町東分906-1
☎080-8235-2777

P104

20 茶屋 祥

㊟山口県下関市長府川端2-1-6
☎083-245-0080

P92

17 古民家 倉～sou～

㊟山口県宇部市東万倉二ノ沖田917
☎0836-67-0880

P80

21 SOU／ZAEMON by TAKADA COFFEE

㊟山口県下関市長府侍町1-2-39
☎083-242-0950

P96

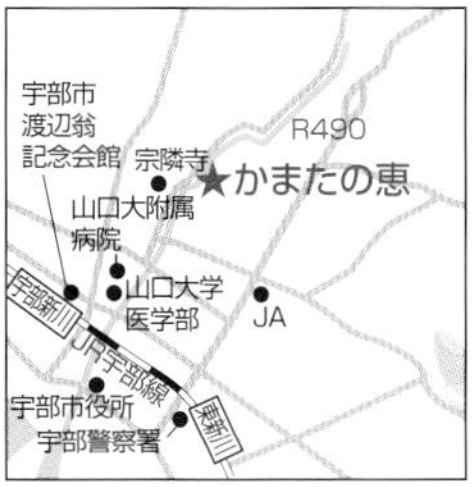

18 かまたの恵

㊟山口県宇部市中村1-6-50
☎0836-32-1824

P84

北部エリア

阿武郡・長門

萩

24 3RD PLACE CAFE N

住 山口県阿武郡阿武町奈古2706
☎050-5880-0993

P110

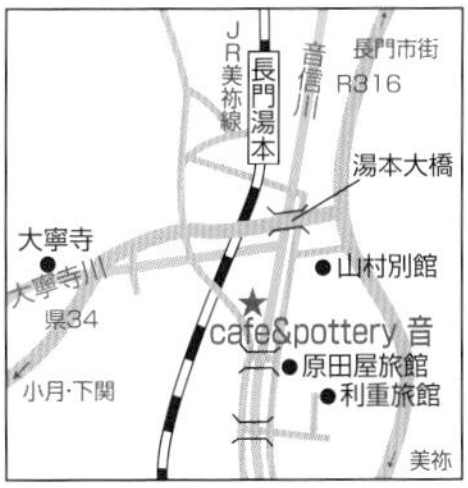

25 cafe&pottery 音

住 山口県長門市深川湯本1261-12
☎0837-25-4004

P114

26 Kimono Style Café

住 山口県萩市呉服町2-39
☎0838-21-7000

P118

27 晦事COTOCOTO

住 山口県萩市呉服町2-32
☎0838-26-7199

P122

28 俥宿 天十平

住 山口県萩市南古萩町33-5
☎0838-26-6474

P126

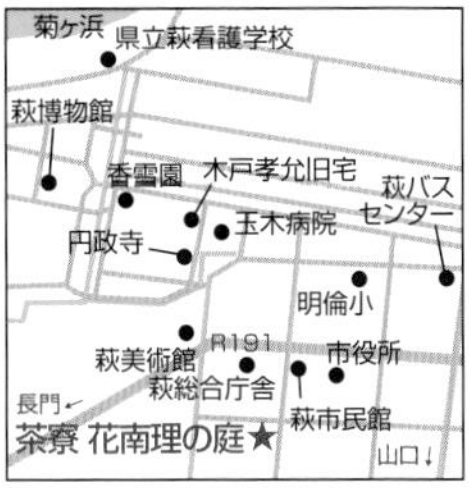

29 茶寮 花南理の庭

住 山口県萩市江向333
☎090-5704-2406

P130

30 ホトリテイ(畔亭)

住 山口県萩市南片河町62
☎0838-22-1755

P134

Yamaguchi Old House Cafe and Restaurant
山口古民家カフェ＆
レストラン

2021年4月26日初版発行

編集発行人	田中朋博
編集	滝瀬恵子・堀友良平
デザイン	徳田亮
撮影	兼行太一朗・菓子谷梨沙・西田英俊
取材・文	兼行太一朗・藤井香織
校閲	大田光悦
編集アシスタント	北村敦子・衛藤潮理
販売	細谷芳弘
地図製作	STUDIO RACO
編集・発行・発売	株式会社ザメディアジョン
	〒733-0011　広島市西区横川町2-5-15
	TEL.082-503-5035
	ホームページ　http://www.mediasion.co.jp/
	Eメール　hm@mediasion.co.jp
印刷・製本	株式会社シナノパブリッシングプレス

◎本全体について
＜写真＞取材・撮影時点（2021年）で撮影許可をいただいたものを掲載しています。料理写真の場合、季節や仕入れ状況などにより掲載内容と異なる場合があります。あらかじめご了承ください。＜料理＞メニュー表記は店舗の表記に従って掲載しています。消費税込みの料金です。＜定休日＞通常の休みを掲載しています。年末年始・ゴールデンウィーク・お盆休みなどについては直接お問い合わせください。＜内容＞調理方法、食材の仕入れ、産地・ブランドは各店舗からの回答をもとに原稿を作成しています。＜取材期間＞掲載のデータは2021年3月1日現在のものです。本誌発売後、お店の都合により変更される場合があります。その場合はご了承ください。

ISBN978-4-86250-707-5　C0076　￥1500E　©ザメディアジョン2021 Printed in Japan